地図で読む「魏志倭人伝」と「邪馬台国」

武光 誠

PHP文庫

○本表紙図柄＝ロゼッタ・ストーン（大英博物館蔵）
○本表紙デザイン＋紋章＝上田晃郷

まえがき

「邪馬台国」というのは、古くて新しい主題である。日本の多くの人が、はるか昔の日本に女王卑弥呼が治めた邪馬台国という国があったことを知っている。

「邪馬台国時代」とも呼ばれる、弥生時代中期から後期にかけての時代は、日本史の流れのうえできわめて重大な時代である。

紀元前一世紀末から三世紀終わり（紀元前三三—三〇〇年頃）にいたるこの時代に、日本の古代文化は急速に進展した。

「日本」という国のありかたが定まったのが、この時期であったといってよい。神道、皇室などの日本の核となるものが、邪馬台国時代につくられたのである。

縄文時代以来、日本の文化はきわめてゆっくりと発展してきた。弥生時代に稲作が広まっても、日本の社会の大枠は縄文時代と変わらなかった。

ところが邪馬台国時代に日本は中国の先進文化を取り入れて急速に豊かになった。それと共にさまざまな試行錯誤をへて、国としてのまとまりをつくっていったのである。

ところがこのような重要な時代を知る手掛かりはきわめて少ない。中国人の手に成る「魏志倭人伝」だけが、ほとんど唯一の手掛かりなのである。「邪馬台国は九州か大和か」という論争が長期にわたって行われてきた。現在でもこの論争の結着はついていない。

本書では中国とその周辺の東アジアの国々を広く見通す観点から、今日の邪馬台国をめぐる問題を解説していきたい。邪馬台国時代の日本の歴史は、はるか遠くの中国の歴史の動きと連動していたのである。

中国の政争をきっかけに、奴国に金印が下されたり、卑弥呼に「親魏倭王」という格の高い王号が授けられたといったことが、本書からわかってくる。日本の古代史を知ると、現在の日本人の思想、文化の原形がみえてくる。読者の方が本書をきっかけに、

「日本人とは何か」

という問題に関心をもっていただければ幸いである。

平成二六年一〇月

武光 誠

地図で読む「魏志倭人伝」と「邪馬台国」　目次

第一章　中国の歴史書の中の倭国

第二章 日本古代史の流れの中でみた邪馬台国の時代

第三章 異民族との交渉からみた古代中国の王朝

第四章 東夷と呼ばれた国々

第五章 卑弥呼の外交と大和朝廷の発展

第一章

中国の歴史書の中の倭国

01 前漢代に中国と交易を始めた倭国

朝鮮半島に進出し、倭人を知った中国の前漢朝

まず中国の歴史書に描かれた、古代日本の歴史をみていこう。

古代の中国では、日本人は「倭人《わじん》」と呼ばれていた。これは日本人が、「わたし」「わたくし」「われ」などの一人称を用いたことによるものだといわれる。

前漢朝（53ページの年表参照）は中国を長期にわたって治めた有力な王朝であるが、後で詳しく記すように紀元前一四一年にそこに武帝《ぶてい》という有力な君主が出現した。武帝は五四年間にわたって国を治め、各地の異民族を征服した。なかでも紀元前一〇八年には朝鮮半島の大部分を支配下においたことに注目したい。

これが、中国と倭人との交流のきっかけになったからだ。武帝は楽浪郡《らくろうぐん》などの四つの郡を置いて、朝鮮半島を中国の官僚に治めさせた。楽浪郡を統治したのは、太

図1　武帝の四郡

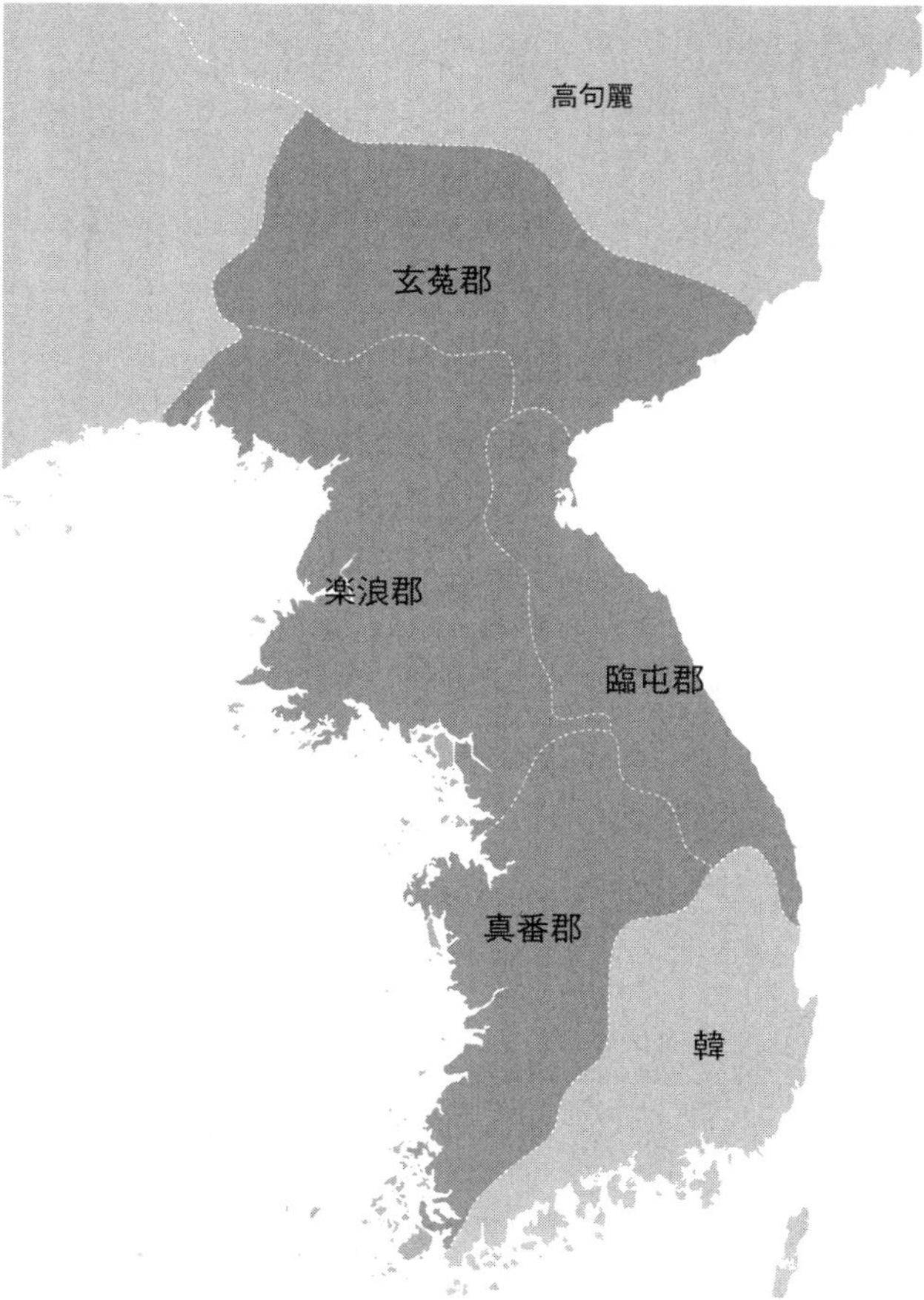

守という役人であった。

武帝の朝鮮半島進出をきっかけに、中国の商船が日本に来航するようになったと考えられる。中国の人びとが「韓人《かんじん》」と呼んだ朝鮮半島の住民から、

「私たちの住む地域の南方に、倭人がいる」

と聞いたためである。

倭人の一部は朝鮮半島の南端にも住んでいたが（187ページ）、倭人の文化と韓人の文化はある程度違っていたとみられる。

楽浪郡と貿易を始めた北九州の小国

中国人の商人は、最初は絹布などを持っていって、対馬、壱岐、玄海灘沿岸などの人口二〇〇人ぐらいの村落を巡って、白珠《しらたま》（真珠）、顔料の朱（硫化水銀）などの特産品と交易していたとみられる。このような商船の来航の回数は、そう多くなかったようだ。

しかしかれらの行為によって、北九州の人びとに、

「海のむこうに私たちに必要な珍しいものがある」

図2　紀元前1世紀末の江南からの移住者の航路

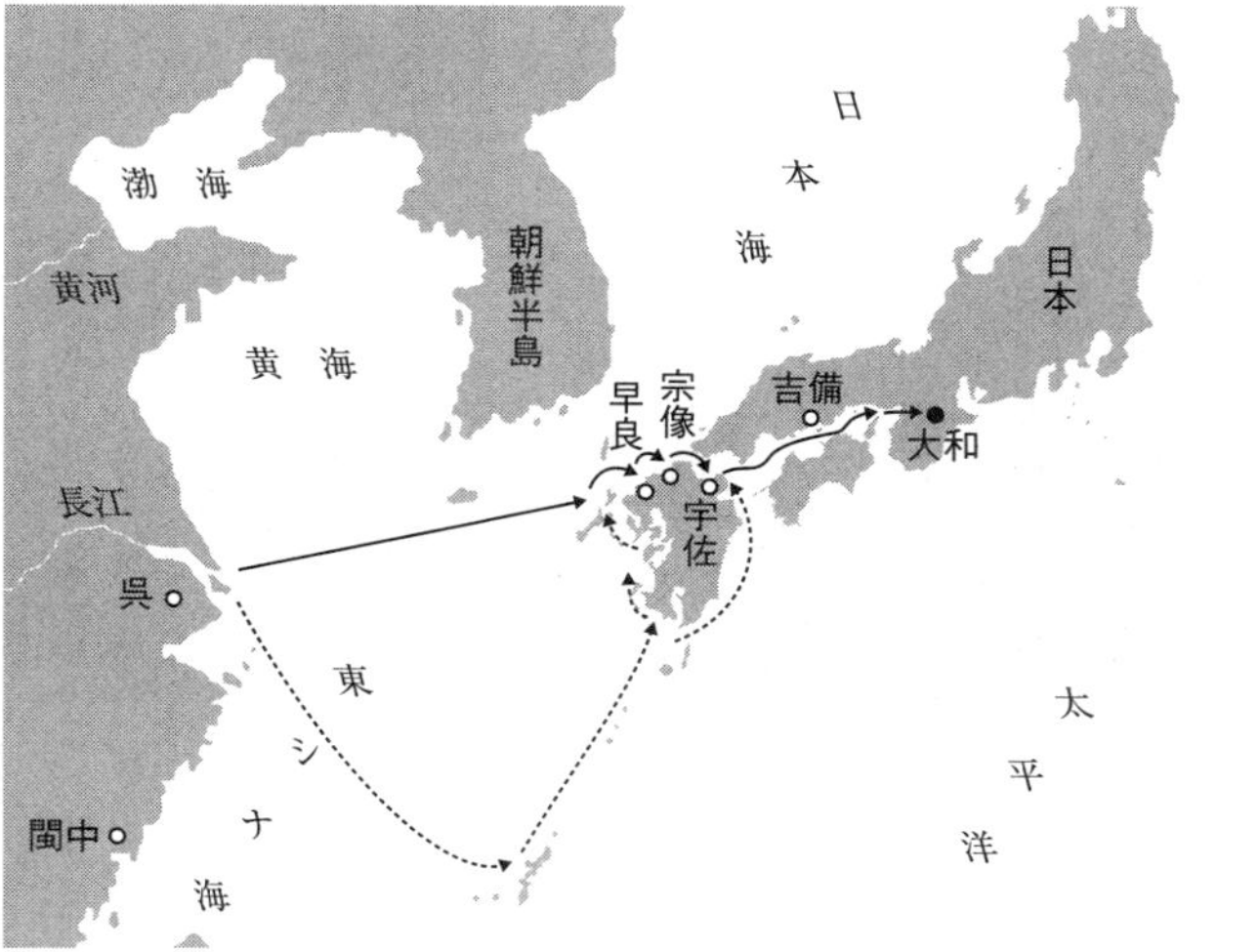

という情報が広まった。そしてそういったなかで、紀元前一世紀末に江南の航海民の北九州への移住がなされた。これをきっかけに玄海灘沿岸などの北九州の人びとが人口二〇〇〇人程度の小国をつくり、江南の技術を学んで海に乗り出したのである。

かれらは対馬海峡を渡り、朝鮮半島沿岸を北上し、さらに洛東江《らくとうこう》を溯《さかのぼ》って楽浪郡まで辿《たど》り着いた。前漢の歴史を記した『漢書《かんじょ》』の「地理志《ちりし》」は、そのような倭人のことを次のように記している。

「百余りの国に分かれた倭人が、

浅茅湾の島々（対馬市）

しばしば楽浪郡に来て朝貢《ちょうこう》した」

百余りというのは正確な数字ではないが、この記事は多くの倭人の集団が楽浪郡に交易に来たありさまを物語る。朝貢（140ページ）とは倭人が形式の上で前漢の皇帝の臣下になって貿易を行なったことをさす。

この時期にはまだ、中国商人が日本の小国と結び付いて、その貿易船を手引きしていたのであろう。しかし次項に記すように、紀元一世紀なかばになると、北九州の小国は自ら船を出して中国と直接、国交をもつようになる。

02 『後漢書』にみえる倭の奴国

「倭国」の誕生

後で述べるように、前漢朝の末から後漢朝の成立（紀元前一〇年頃―二五年）までの中国は、長期の混乱の中にあった。そして二五年に後漢朝を開いた光武帝《こうぶてい》（劉秀《りゅうしゅう》）が中国を統一したときには、前漢朝の植民地のかなりの部分が失われていた。

朝鮮半島の楽浪郡は王調《おうちょう》という軍閥の長の支配下にあったが、光武帝は三〇年にそこを再征服した。このあと後漢は、楽浪郡周辺の民族に自治を行なわせる方針をとった。

この動きの中で倭国の有力な小国であった奴《な》国の首長が、奴国王とされたのである。この時代の王号は、後漢の皇帝に従う比較的有力な異民族の君主に与えられるものであった。そのような中国に朝貢する属国の王は、皇族の親族である諸王と同列に扱われた。

後漢の歴史を記す『後漢書《ごかんじょ》』の「東夷伝《とういでん》」の中の「倭伝」は五七年の奴国の朝貢について次のように記している。

「倭の奴国が、使者を送って朝貢した。奴国の使者は、大夫《たいふ》と自称していた。奴国は、倭の最南端にあるという。光武帝は奴国に印《いん》と綬《じゅ》(印につける組み紐)を授けた」

王氏が楽浪郡を治めていた時代にも、倭人の小国と楽浪との貿易は続いていたとみられる。後漢が楽浪郡を治めるようになっても、倭人の商人の立場は変わらなかったのであろう。

こういった背景の中で、楽浪郡の役人が北九州の比較的有力な小国に、洛陽《らくよう》の都に使者を送って皇帝に直接、朝貢するように命じたのである。そのとき使者には奴国の高官を意味する「大夫」と名乗るように指示した。

博多湾沿岸の繁栄と金印

中国には、

「遠くの異民族に朝貢させることが皇帝の権威を高める」

という発想があった。そして中国人は、倭国は朝鮮半島の南に連なっていると考えていた。そのため楽浪郡の役人は、このような世界観を後漢の朝廷に語った。

「倭の地の最も遠い地にある奴国が、そこより手前にある幾つかの小国を従えている」

　奴国は、博多湾沿岸を支配していた。江戸時代に博多湾の海上交通の要地である志賀島《しかのしま》から「漢の委（倭）の奴の国王」と記した金印が発見された。

図3　志賀島とその周辺

　奴国の時代にあたる二世紀なかばの福岡平野に、有力な遺跡が幾つも発掘されている。なかでも中国製銅鏡三〇枚以上が出土した春日《かすが》市須玖《すぐ》・岡本《おかもと》遺跡の巨石墓は、奴国の王墓の一つとされる。
　そして二世紀に入ると、次項に記す奴国の西方の前原平野（糸島市）がより有力になってくる。

金印「漢委奴国王」(福岡市博物館所蔵)

03

伊都国の倭国王

倭国王帥升の朝貢

『後漢書』は前項にあげた奴国の朝貢の記事に続けて、次のように記している。

「安帝《あんてい》の永初《えいしょ》元年（一〇七）に、倭国王帥升《すいしょう》が、生口《せいこう》百六十人を献上して、皇帝の接見を願い求めた」

生口とは、「異民族の人間」を表わす当時の中国の言葉である。倭国王の帥升が、他の倭人の小国の君主らの代表として安帝に朝貢し、皇帝に仕える人間一六〇人を差し出したのである。

中国では古くから、

「珍しい異民族の人間を身辺に召し使うことが、皇帝や貴人の権威を高める」

と考えられてきた。すぐ後で記すように、私は、帥升は伊都《いと》国の君主であったと考えている。

伊都国がこのときはじめて倭国王とされたか、この少し前から倭国王となっていたかは明らかでない。しかし後漢の帝室のがわには、一〇七年の時点で、倭国の表敬訪問団を宮廷に招く必要があった。

というのもこの前年に一三歳の安帝が皇位を嗣ぎ、二代前の和帝《わてい》の皇后であった鄧氏《とうし》大后（122ページの図参照）が摂政として権力を握っていた。ところが大后には、政敵が多かった。

そういった中で一〇七年に後漢は、西域都護《せいいきとご》を廃して中央アジアを放棄せざるを得なくなった。これによって鄧氏政権の権威は、大きく後退していた。

後で繰り返し説明するように、邪馬台国時代の日本の外交は、常にはるか西方の西域の政情と連動していたのである。鄧氏政権は西方での失策による宮廷での苦境を乗り切る策の一つとして、「はるか東方の倭国の使者の朝貢」という華やかな儀式を演出したのであった。

伊都国の王墓の発見

この時代の倭国の人名や地名は、「奴国」「卑弥呼《ひみこ》」「卑狗《ひく》（彦）」「狗奴国《くなこく》」といった悪字で表記されることが多い。ところが伊都国関連の語だけは、都、帥といった良い字を用いて伊都、帥升と書かれていた。

この事実は、伊都国の王家が中国人の商人を外交顧問に迎えるなどして倭国一の中国通になっていたことを物語ると思われる。卑弥呼が北九州を束ねるようになった後も、伊都国は邪馬台国の外交の拠点とされ、外交を総括する大率《だいそつ》（「一大率」とよむ説は誤り）という役人が置かれていた。

図4　伊都国にかかわる遺跡

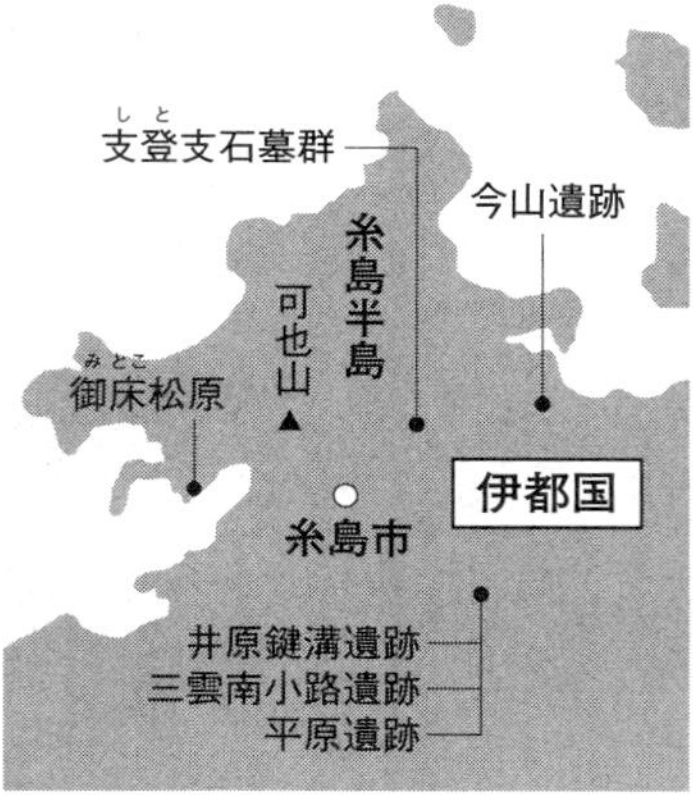

「魏志倭人伝」は、卑弥呼の時代の伊都国には王がいたとする。

糸島市三雲《みくも》南《みなみ》小路《しょうじ》遺跡や平原《ひらばる》遺跡は、二世紀はじめの伊都国の王墓とされている。三雲南小路遺跡の甕棺墓《かめかんぼ》からは中国産の銅鏡三〇枚以上が出土した。

弥生時代の前原平野の遺跡は、二世紀

平原遺跡（糸島市）

に全盛期を迎えた。平原遺跡は、二世紀末の女性の首長を葬った縦九・五メートル横一三メートルの大きな方形周溝墓《ほうけいしゅうこうぼ》（溝で墓域を囲った墓）である。そこからは、四〇面の銅鏡が出土した。その中には直径四六・五センチメートルの世界最大の連《れん》弧文鏡《こもんきょう》もある。

しかし平原遺跡の後、前原平野の遺跡は徐々に衰退していく。それゆえ平原遺跡に葬られた首長は、邪馬台国に屈服してそれに従った巫女《みこ》ではないかとする説（寺沢薫『王権誕生』講談社）もある。

04 「魏志倭人伝」が記す異様に遠い邪馬台国

邪馬台国への道のり

邪馬台国《やまたいこく》は、中国が魏《ぎ》、呉《ご》、蜀《しょく》の三国に分かれて争っていた三国時代に日本にあった国である。

三国時代の歴史を記した『三国志《さんごくし》』の中の「魏書《ぎしょ》」の倭人についての記述が「魏《ぎ》志倭人伝《しわじんでん》」である。この「魏志倭人伝」の中に、邪馬台国に関する詳しい記事がある。『三国志』は、「二十四史」と呼ばれる中国の正史の一つとされている。しかし、それは作者の陳寿《ちんじゅ》が一定の政治的意図によって記したもので、最初から正史として編纂《へんさん》された歴史書ではない。

そのあたりのことは後（２０４ページ）で詳しく説明するが、「魏志倭人伝」の中には政治的意図をもって書かれた部分がかなり存在する。

図5　三国時代の中国

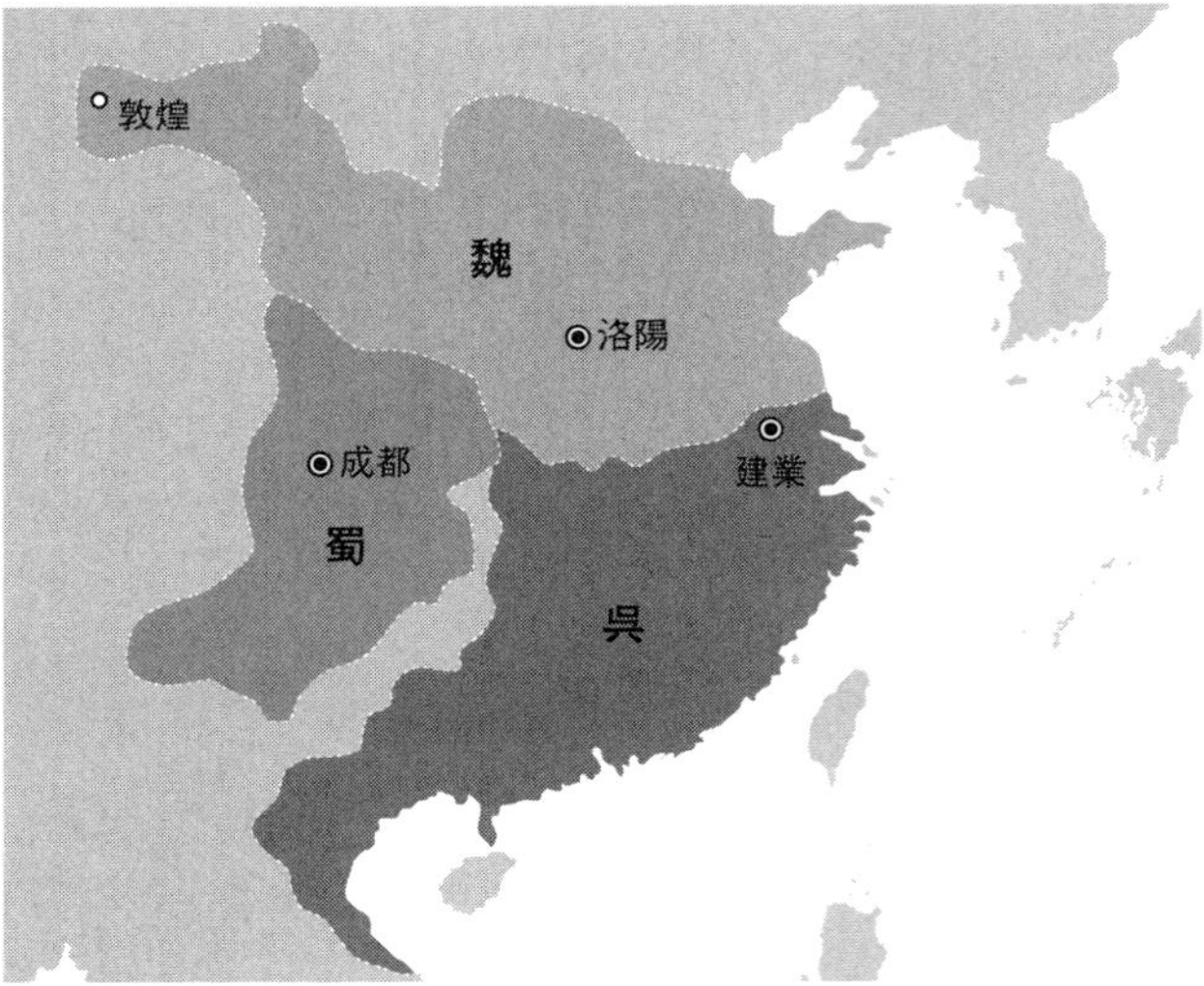

邪馬台国の異様な遠さは、その最たるものである。

図6に示した邪馬台国への道筋の中の不弥《ふみ》国《こく》までの里程は、数字で示されている。そして古代史の研究者の多くは不弥国が北九州にあったとするが、不弥国の先は、「水行二十日」、「水行十日陸行一月」という曖昧《あいまい》な書き方をされている。

現代風に読めば、邪馬台国は北九州から遠く離れた地にあることになる。そのために邪馬台国を大和《やまと》とする説と、それを九州のどこかに置く説が現われたのである。

邪馬台国は遠方の大国

三世紀に倭国に来た使者が、北九州から船で三〇日行ってどこかに上陸し、一か月歩いて大和に着いたのかもしれない。しかし、それほど古い時代に大和朝廷が九州まで支配していたとすべきではないとする研究者も多い。かれらはあれこれ考えて、「水行三十日、陸行一月」の行程はそう長くないと主張してきた。

ところが謎は、これだけではない。不弥国までの里程も、実情と大きくかけ離れているのである。現在のピョンヤンのあたりにあった帯方郡《たいほうぐん》から、朝鮮半島南端の金海《きめ》市とされる狗邪韓国《くやかんこく》まで、七〇〇〇里（四七〇〇キロメートル余り）もあるはずはない。現在の地図の直線距離では、そこはせいぜい三五〇キロメートル足らずである。

松浦半島の末盧《まつろ》国と前原平野の伊都国との間は、実際には四〇キロメートル足らずである。そこが五〇〇里（三三〇キロメートル余り）というのも、実情に合わない。

図6　邪馬台国への行程

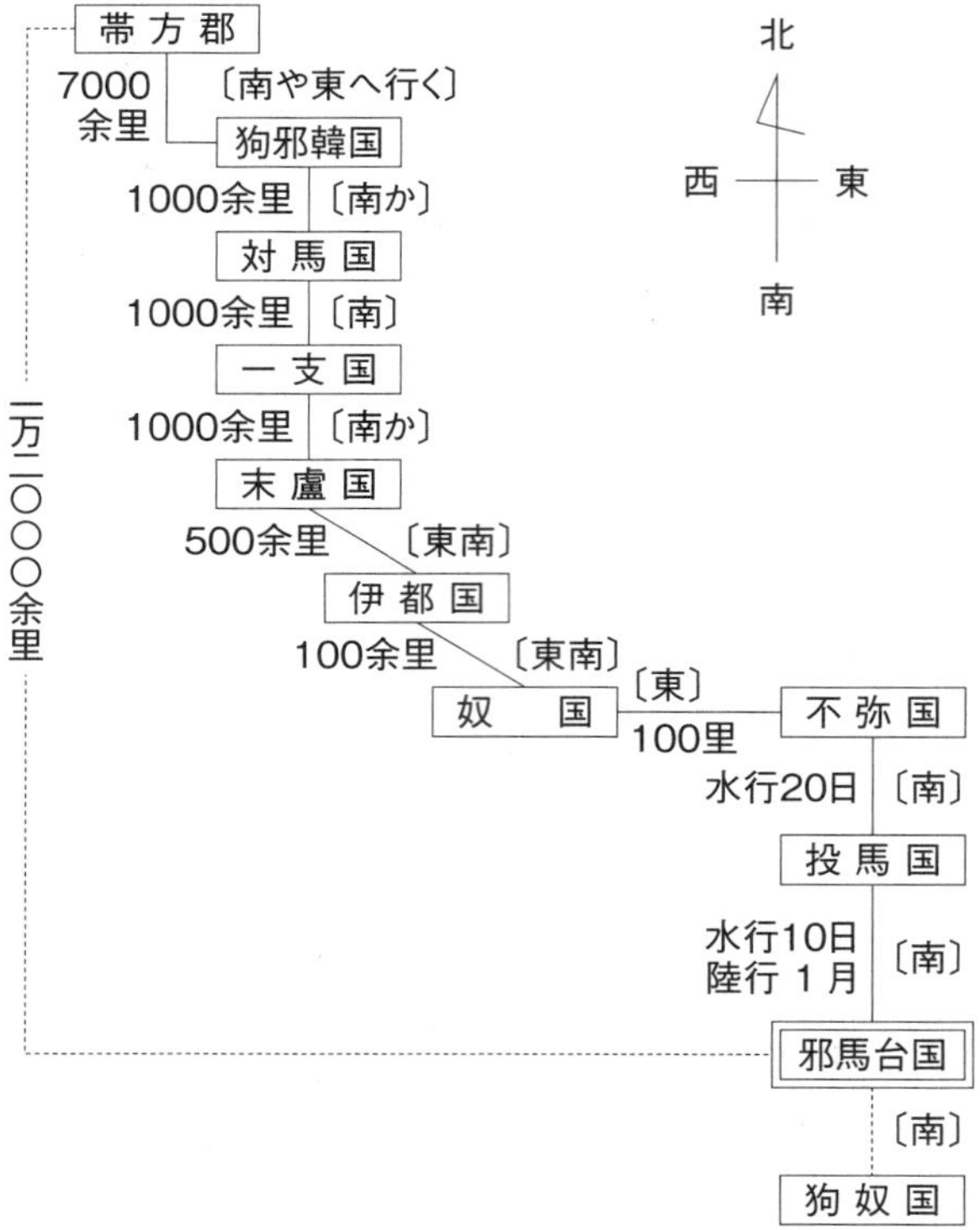

帯方郡
7000余里
〔南や東へ行く〕
狗邪韓国
1000余里
〔南か〕
対馬国
1000余里
〔南〕
一支国
1000余里
〔南か〕
末盧国
500余里
〔東南〕
伊都国
100余里
〔東南〕
奴国
〔東〕
100里
不弥国
水行20日
〔南〕
投馬国
水行10日
陸行1月
〔南〕
邪馬台国
〔南〕
狗奴国
一万二〇〇〇余里
北
西
東
南

図7　三国時代の朝鮮半島と九州

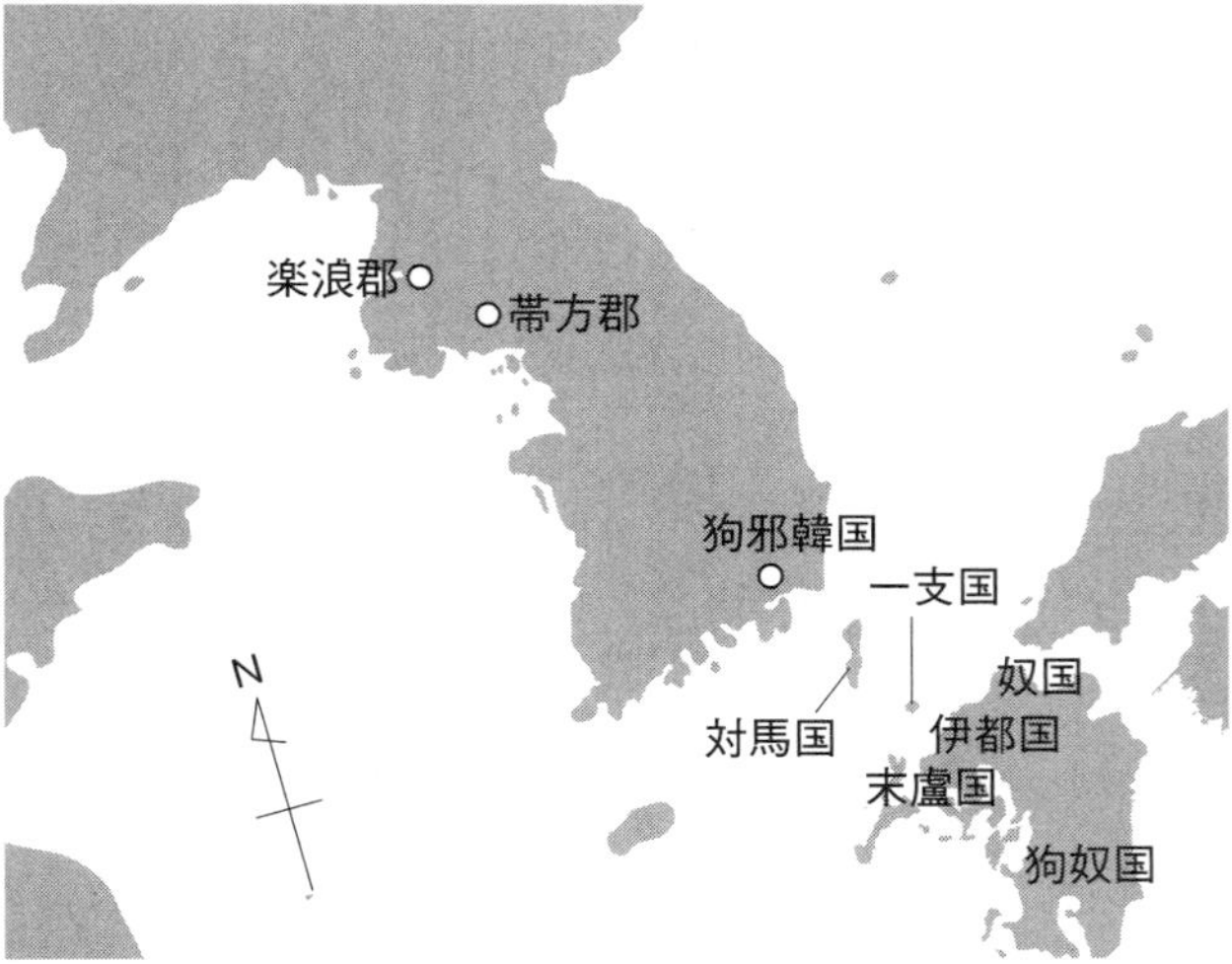

『倭人伝、古事記の正体』（朝日新書）より

後（216ページ）に詳しく説明するように中国の側に、倭国を実際以上に遠くて有力な国にしなければならない事情があったのである。

さらにこれに関連して次項に記すように、倭国は優れた国だとするさまざまな記述にも注目する必要がある。

05 倭国は礼の備わった東南の国と記す「魏志倭人伝」

礼を備えた夷狄を重んじる中国人

『三国志』東夷伝の序に、次のような記述がある。

「東夷の国々は夷狄《いてき》（文化の遅れた異民族）の国である。しかしそこには俎豆《そとう》（高杯型の祭器、転じて伝統的な祭祀を表わす）の具体像が残っている。これは孔子の『中国に礼が失われた時には、四方の夷狄の中に残る礼を求めるべきである』という言葉を裏付けるものである」

「魏志倭人伝」を含む『三国志』の東夷伝は、「東夷の国々は、古い中国の礼を備えている」

という世界観にたって記されていた。さらにその中の中国から最も遠い倭国を描く部分では、倭国に礼が備わったありさまが強調されている。

「魏志倭人伝」に、次の記事がある。

「倭人は飲食に籩豆《へんとう》（俎豆と同じ、高杯）を用い、手づかみで食べる」

これは倭国に、食べ物を足の付いた台に盛る中国の伝統的な礼が生きていることを記したものである。

さらに他の部分で、倭人は、棺《かん》はあるが槨《かく》のない中国に古くから伝わる埋葬法を行なっていると述べる。また倭人は葬礼の時に服喪《ふくも》（死者のために一定期間、慎んで過ごすこと）を行ない、喪が明ければ中国人の練沐《れんもく》のようなお清めをするともある。これらは倭人が、中国の礼に適《かな》った葬礼の形式を重んじていることを示すものである。このような記述から「魏志倭人伝」の著者、陳寿が、人びとに、

「日本は遠方の礼の備わった国である」

と説いていたことを示している。

倭国は魏の東南の国

「魏志倭人伝」の最初に、次の記事がある。

「倭人は帯方郡の東南にあたる大海の中におり、山や島によって国や邑《むら》をつくって

いる」

また、

「倭国の都のある邪馬台国は、会稽《かいけい》郡の中の東冶《とうや》県の東に位置するのであろう」

会稽郡はおおむね現在の浙江《せっこう》省と福建《ふっけん》省を合わせた範囲にあり、東冶県は、現在の福建《ふっけん》省福州《ふくしゅう》市のあたりの海岸部にあった。そこは、三国時代に魏朝と対立していた呉朝の領域で、呉の都、建業《けんぎょう》（現在の南京《なんきん》市）の南方に位置していた。

北九州は確かに現在のソウル（帯方郡）の東南にあたるが、古代の中国人は、「倭国」はそこよりかなり南方のソウルの真南に近い南々東にあるとみていた。

「魏志倭人伝」には、

「倭国が魏の東南に位置する」という地理感にもとづいて書かれた記事もある。

「倭人の男性は大人も子供も、みな顔面と身体に入墨をしている」

とある。これは『礼記《らいき》』王制篇《おうせいへん》という儒教の古典の中の、

「東方の夷は身体に入墨をする」「南方の蛮は顔に入墨をする」

という文にもとづいて書かれたとみられる。古代中国の知識層は、「儒教の古典に誤りはない」という先入観をもっていた。

図8　会稽東冶の東とは？

『増補版 標準世界史地図』（吉川弘文館）を参考に作成

邪馬台国時代の日本人の男性すべてが、顔と体に入墨をしていたわけではあるまい。

これまで記してきたように、「魏志倭人伝」は倭国を「中国の東南にある、礼を備えた国」と記している。これは魏朝、西晋朝の権力者の意向に添って強調されたものであるが、陳寿がどのような意図でそう記したかは後（216ページ）で詳しく述べよう。

06 新女王台与の魏、西晋への朝貢

卑弥呼没後に政争が起こる

「魏志倭人伝」は卑弥呼が亡くなった後の邪馬台国について、次のように記している。

「続いて男性の王が立ったが、多くの人が王に従わず内乱になり、それによって千人もの者が死んだ。この内乱のあと、卑弥呼の宗女《そうじょ》で十三歳の台与《たいよ》を王に立てて、ようやく国のなかが安定した」

邪馬台国の人口は、二〇〇〇〇人程度であったとみられる。だから、「内乱で一〇〇〇人が殺された」という記述には、大きな誇張があるのだろう。台与の名前を「壱（一）与」とする古代史研究者もいるが、私は「台与」の表記が正しいと考えている。

確かに最古の刊本である紹興本《しょうこうぼん》をはじめとする「魏志倭人伝」の刊本には、「邪馬壱国」「壱与」と記されている。しかし『後漢書』東夷伝をはじめとする倭国に関する文献が、すべて「邪馬台国」の表記をとっている。

この点からみて刊本の「魏志倭人伝」は、「台」の字を誤って「壱」としたとすべきであろう。だから「邪馬壱国」でない以上、「壱与」も誤りとすべきである。

台与の治世

卑弥呼の時代には、「大人《たいじん》」と呼ばれた邪馬台国の有力者の合議が、邪馬台国の政治を動かしていたとみるのがよい。かれらの中から選ばれた者が、「魏志倭人伝」にみえる伊支馬《いきま》、弥馬升《みまそ》、弥馬獲支《みまかき》、奴佳鞮《ぬかて》や伊都国に派遣された大率の役目について、国政の一部分を担当していたのであろう。

神託を受けてそれを大人の会議に伝えるのが、卑弥呼とその男弟《だんてい》の役目であった。多くの大人たちが知恵を出しあって、神託をどう解釈するか議論したのであろう。

卑弥呼の没後に、大人の一人が政治の主導権を握ろうと企てた。しかしかれは、

図9　邪馬台国の政治組織

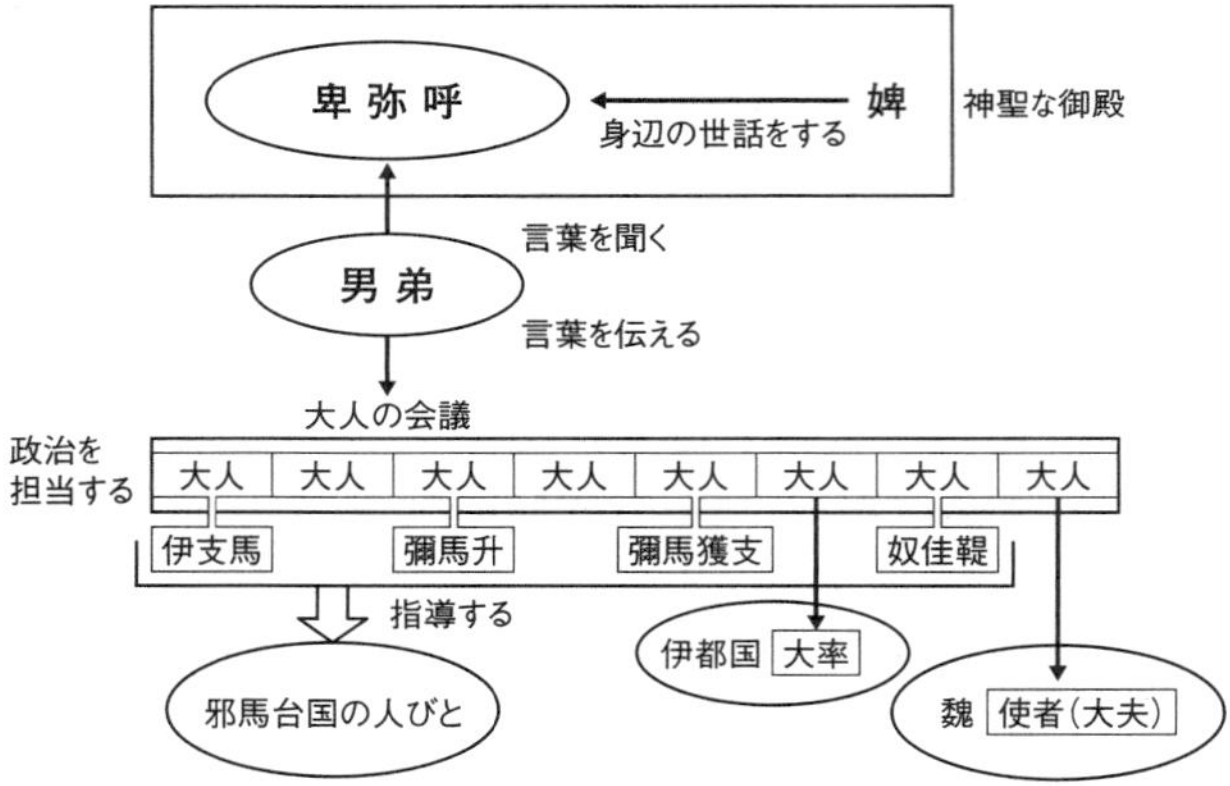

大人たちの反感をかって失脚した。こういったことが起こったのではあるまいか。

　この政争の後、再び大人の会議が政治を動かすようになった。このような大人主導の政治が行われたために、台与のような一三歳の少女でも、女王が務まったのである。

「魏志倭人伝」は、台与が王位に就いてまもなく魏に朝貢したと記している。これは、二四七年の出来事と考えられる。

　少し後のものであるが、北宋代の『冊《さっ》府《ぶ》元亀《げんき》』に次のように記されている。

「二四七年に倭国の女王台与が、大夫の掖邪狗《やくやく》たちを洛陽に派遣した」

二六五年になって、司馬炎《しばえん》が魏朝を倒して西晋朝を立てた（135ページ参照）。司馬炎の事蹟を記す『晋書《しんじょ》』武帝紀に、西晋朝が立った翌年にあたる二六六年に倭の女王が朝貢したことがみえている。その頃、台与は二八歳前後だから、この女王が、台与であった可能性は高い。

西晋朝は魏朝と同じく邪馬台国を優遇したとみられる。しかし西晋朝の滅亡（三一六年）は、邪馬台国の地位を大きく後退させた。

本章では、中国の歴史書が伝える邪馬台国時代の日本について、大ざっぱにみてきた。次章では本章に記した日中関係の背景となる、日本古代史の大きな流れを世界史の動向や考古資料などに触れながら説明しよう。

コラム　邪馬台国の使者たち

倭国と魏との外交を主導したのは卑弥呼ではなく、彼女の委託を受けた有力な大人たちであったと考えられる。「魏志倭人伝」は、「倭国には有力な大人がおり、人びとは大人に会うと手を打って敬意を示す」と記している。「倭人伝」の中で、庶民は、下戸《げこ》と呼ばれた。

最初の使者の正使として洛陽《らくよう》に赴いた難升米《なんしょうみ》は、大夫と自称していた。そして邪馬台国が狗奴国と対立したとき、魏の皇帝は官軍を表わす黄幢《おうどう》（213ページ参照）を卑弥呼でなく、難升米に授けた。

また二度目の使者である大夫の掖邪狗《やくやく》らは、魏から率善中郎将《そつぜんちゅうろうじょう》の官職を授けられたと「魏志倭人伝」にある。率善中郎将は、倭王を護衛する武官の長である。「魏志倭人伝」では省かれたが、難升米らもそれ相応の官職をもらったとみてよい。

邪馬台国の使者が魏で重んじられていることは、使者たちが倭国の外交の担い手であったことを物語るとみられる。

第二章
日本古代史の流れの中でみた邪馬台国の時代

07 中国文明圏と日本

中国文明を学びながら中国から自立していた日本

交通の発展によって、文化交流の形は大きく変わってきた。現在の私たちは、世界中の情報を知ることができる。

ところが戦国時代はじめ頃までの日本人の多くは、「世界は日本と中国とインドとその周辺の小さな国々である」と考えていた。当時の人はインドのことを天竺《てんじく》や震旦《しんたん》と呼んだが、「唐天竺《からてんじく》」という言葉は地の果てを表わすものであった。

邪馬台国の時代の日本人の知識人は、インド（クシャーナ朝）を日本と反対にある西側の世界の果てと考えていたらしい。

後で説明するように、中国の西方や南方、北方の多くの民族が、独自の文化を失

図10　後漢の領域

い中国の一部に組み込まれていった。ところが中国の東方にある日本と朝鮮だけは、中国に多くのものを学びながら独自の文化を保ち続けることができた。

これは温帯で雨の多い日本列島や朝鮮半島の国々が、古くから経済的に豊かであったことからくるものであろう。

中国に強大な帝国が生まれた後、日本や朝鮮半島の人びとは、意欲的に中国との交易を行なった。そして中国から得たものを国づくりに役立て、自立を保ったのである。朝鮮半島が中国人の支配下に置かれた時期もあるが、その詳細はこの後で丁寧に説明していこう。

中国から広まった漢字、儒教、律令

日本人は青銅器の祭器の製作、鉄製の刀剣づくり、絹織物などの多くの技術を中国から学んだ。しかし歴史学者はそれよりも、日本人が一国の統治に欠かせない漢字、儒教、律令を身に付けたことを重視する。

最終的には飛鳥《あすか》時代末に、「律令」と呼ばれる中国風の法によって統治される国家が完成した。

しかし日本人がそれより前に、さまざまな形で中国の官僚政治のあり方を規定する律令とその根拠となる儒教の発想を受け入れている点にも注目したい。

卑弥呼は中国の皇帝から「親魏倭王《しんぎわおう》」とされた。この親魏倭王は中国の身分秩序の中にあった。そして異民族の君主が皇帝から王に任命されるのは、

「中国皇帝は周辺の異民族をも従える、偉い存在でなければならない」

とする儒教思想を踏まえたものである。

卑弥呼は親魏倭王の地位を、国内統治に役立てようとした。この一点からもわかるように、古代日本の歴史は中国を中心とする世界の中で動いてきたのである。

08 中国民族の成り立ち

東洋文明をつくった中国民族

大航海時代と呼ばれる一六世紀より前の東洋の歴史は、中国民族の主導によって動いてきた。中国には、東洋でもっとも進んだ文化があった。そして秦《しん》朝に始まる中国の諸王朝は、東洋でずば抜けて有力な勢力を誇っていた。

ところが中国の明《みん》朝の時代に、ヨーロッパ人が中国に来航した。それをきっかけに、世界の歴史はヨーロッパの強国によって主導されるようになっていった。

本書では便宜上、「中国民族」と表現する。しかし近年まで、「漢民族」の言葉が広く用いられていた。中国の漢朝の時代に中国文化の基本がつくられたために、私たちは日常的に「漢字」「漢語」「漢文」「漢詩」といった語を使っている。

中国語を話し、漢字を書き、道教や儒教を重んじる人びとを、中国人と定義しておこう。この中国人は文句なしに、アジア最大の人口を誇る民族である。

邪馬台国時代以来、日本人は中国民族から多くのものを学んできた。中国の王朝と交渉をもつことは、邪馬台国時代の君主にとって欠かせない事業であった。

図11　古代中国史年表

紀元前1400年？	
	殷
紀元前1027年頃	
	周
紀元前771年頃	
	春秋時代
紀元前403年頃	
	戦国時代
紀元前221年	
	秦
紀元前202年	
	前漢
8年	
	新
25年	
	後漢
220年	
	三国（魏・呉・蜀）
280年	
	西晋
316年	

拡大する中国民族

中国文明の起源は、紀元前五〇〇〇年頃に始まる黄河流域の黄河文明に求められる。そして文明の発展の中で、黄河中下流域に多くの「邑《ゆう》」と呼ばれる都市国家がつくられていった。

さらにそのような都市国家をまとめた最初の王朝が、殷《いん》朝だとされる。殷朝の起源は明らかではないが、紀元前一四〇〇年頃につくられた殷朝の都の遺跡である殷《いん》墟《きょ》が知られている。

そこでは祭祀《さいし》関係の多くの甲骨文が出土した。そしてその内容から、殷代に儒教、道教の原形や、儒教と密接な関係をもつ陰陽《いんよう》五行《ごぎょう》説《せつ》の科学知識の一部がみられたことが明らかにされている。

殷朝の前に夏《か》の王朝があったとする伝承もあるが、夏朝の存在は確認されていない。夏朝を開いた人びとは殷朝の住民とは別の南方系の中国人であったらしい。

殷朝の次の周朝（紀元前一〇二七―七七一年頃）は、黄河流域の大部分を統一した。この周代に中国文化の形が確立した。

中国南部の長江《ちょうこう》流域では、紀元前五〇〇〇年頃から長江文明と呼ばれる独自の文明が発展していた。これは、黄河文明とは異なる独自の文明である。

周代の長江流域には、長江文明の流れをひく呉人《ごじん》、越人《えつじん》などの人びとがいた。

周朝の人びとが、現在の中国民族の中心となる集団であったと評価してよい。そしてそのような古い時代の中国人は、春秋戦国時代（紀元前七七一頃―二二一年）

図12　殷と周

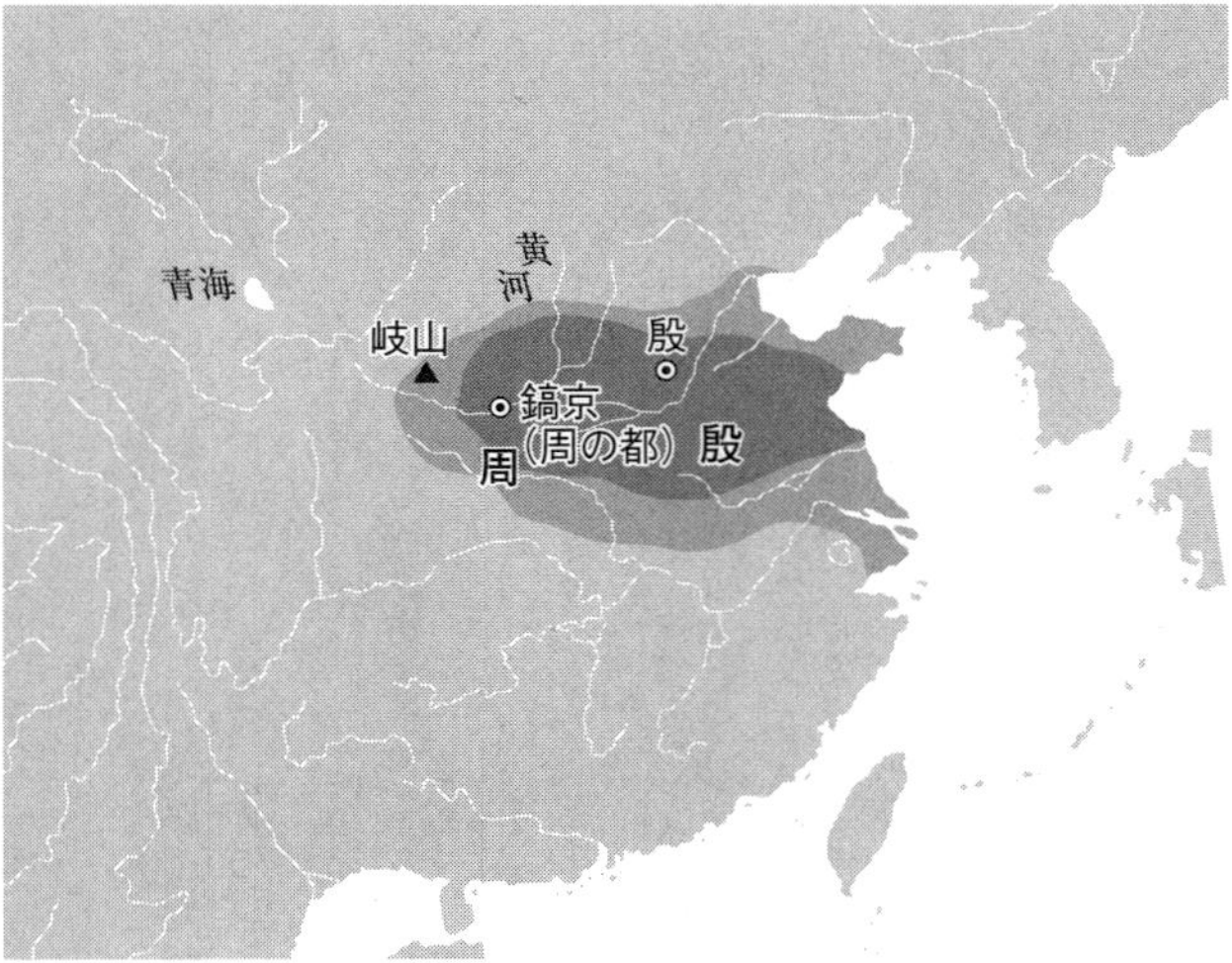

『増補版 標準世界史地図』(吉川弘文館)を参考に作成

に、呉人、越人の領域であった長江流域を呑み込み、そこの住民を中国人化した。その後秦代に中国の領域は、南方に大きく拡大した。秦の始皇帝は、南越《なんえつ》や匈奴《きょうど》の勢力圏の一部を征服したのだ。さらに前漢代（紀元前二〇二―紀元後八年）に中国人は北方や西方の異民族を、自国民に組み込んでいった。

　後で述べるようにこのような前漢代の中国の勢力の拡大は朝鮮半島で止まり、日本に及ばずに済んだのである。

図13　秦の領域（紀元前3世紀末の中国）

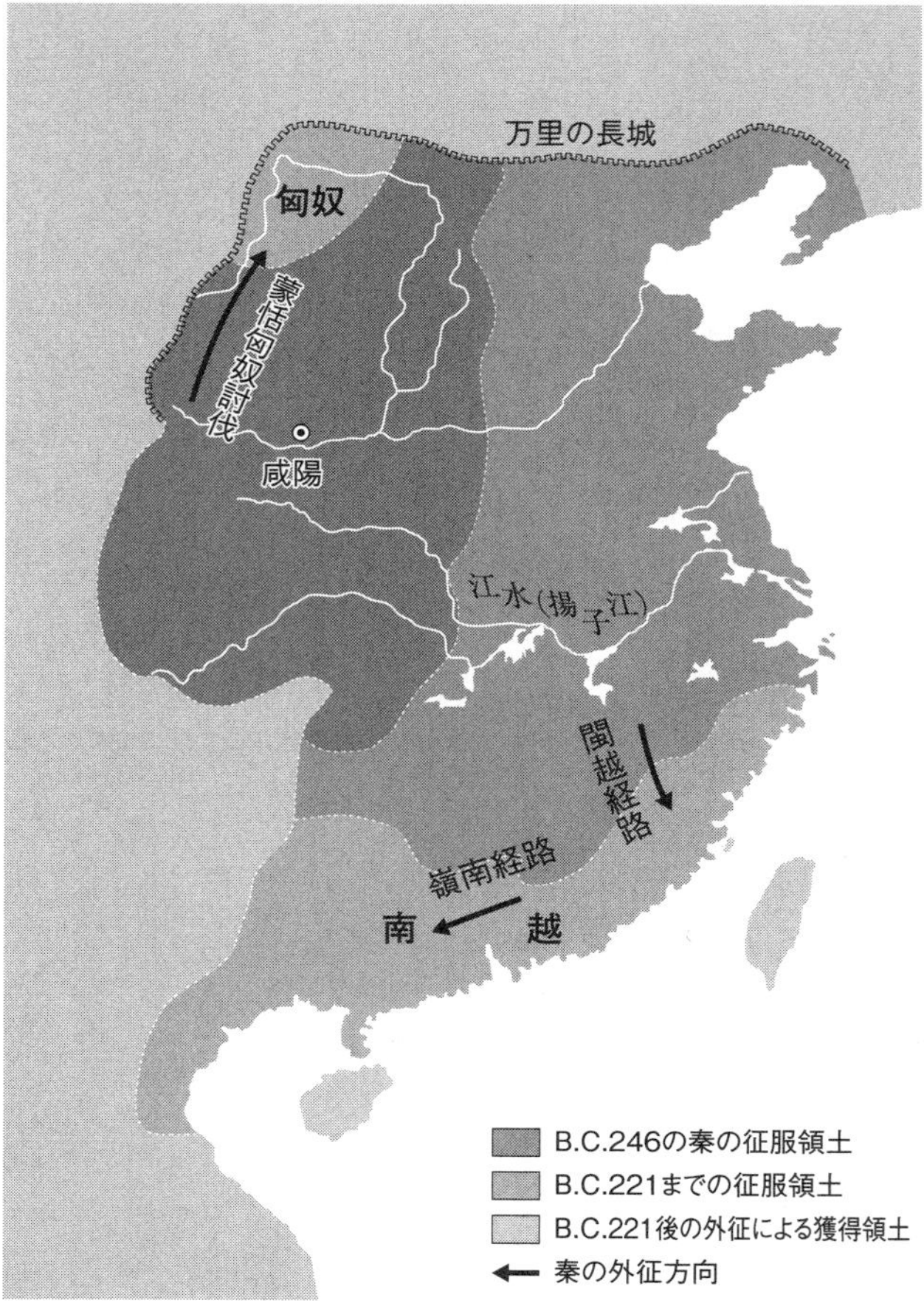

09 世界は二分割から三分割になった

ローマ帝国から中国への使者

ここでは世界地図の中での古代中国文明の位置づけをみておこう。中国文化の基本が確立した前漢代のユーラシア大陸には、中国とローマ帝国の二つの中心があった。

前漢代の後、短い新朝《しん》を経て後漢代になる。この後漢代にあたる紀元九七年に後漢は甘英《かんえい》という者を大秦国《だいしん》（ローマ帝国）に派遣した。さらに紀元一六六年には、大秦王安敦《だいしんおうあんとん》の使者が中国を訪れている。大秦王安敦とはローマ皇帝マルクス・アウレリウス・アントニヌスである。東西の交渉は、きわめて古い時代に始められたのだ。

中国では長期の戦乱が続いたが、前漢朝になってようやく統一国家のもとの長期

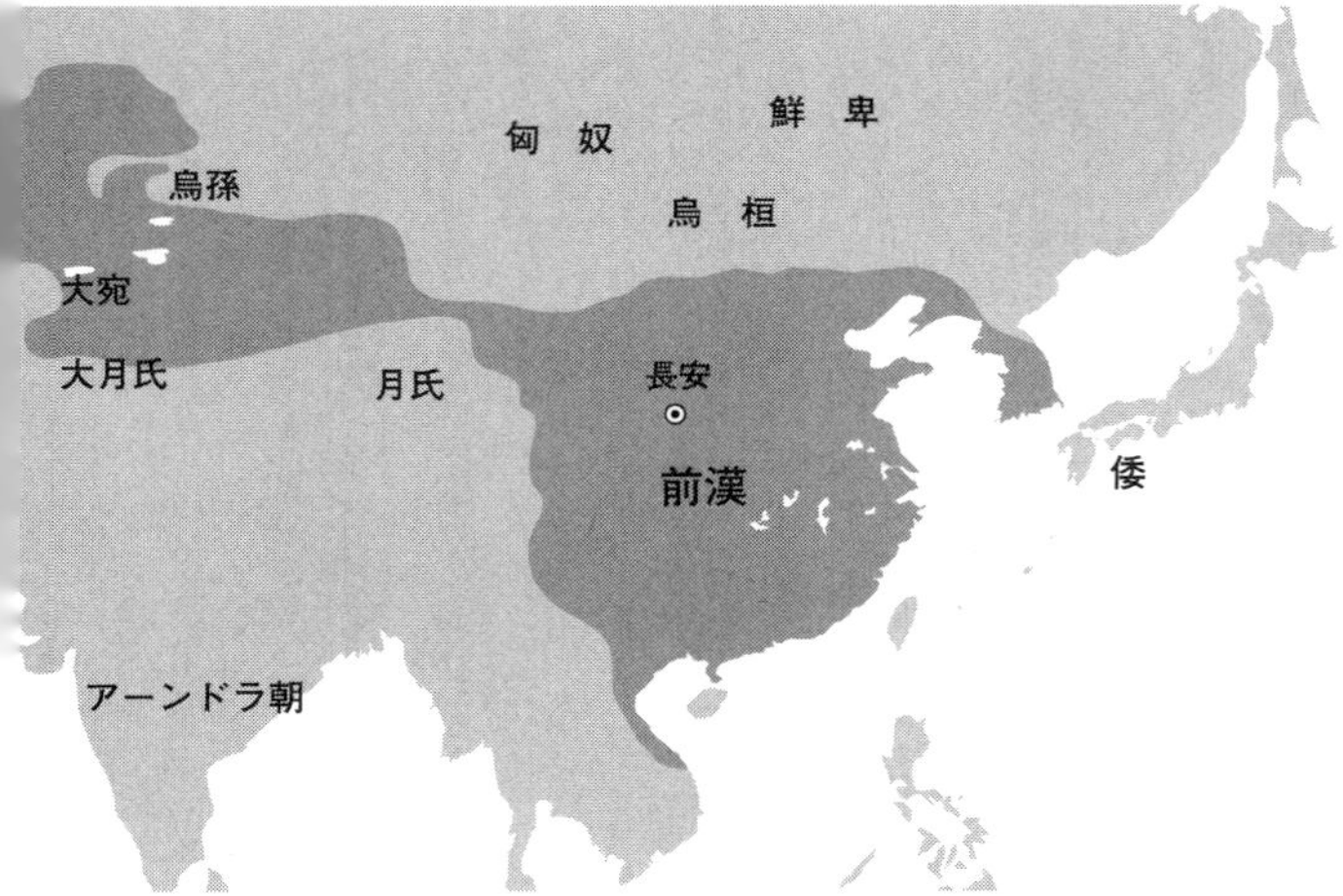

の安定が訪れた。前漢代に律令にもとづく官僚政治が確立した。そして儒学が官僚に欠かせない教養とされ、董仲舒《とうちゅうじょ》らによる儒学と陰陽五行説の融合がすすめられた。

これと同時期の西洋は、ローマ帝国の全盛期であった。そして中国とローマの文化は根本的に異なっていた。

中国ではのちに道教となる多神教が行なわれ、漢字という多数の表意文字が用いられた。これに対しローマでは一神教であるキリスト教が三九二年に国教とされ、万事を僅《わず》か数十字の表音文字アルファベットで表

図14　紀元前2世紀後半の前漢とローマ帝国

記した。

陰陽五行説は、自然物にも人間にもさまざまな個性のものがあることを前提に組み立てられていた。これに対してローマの科学は、一つの原理、原則で万事を理解しようとするギリシア哲学の流れをひくものであった。

そして古代中国文化の花が開いた唐《とう》代のユーラシア大陸は、西洋のキリスト教文化圏と中近東のイスラム文化圏、中国を中心とする東洋文化圏の三者に分かれていた。

イスラム文化圏の誕生

七世紀はじめに、アラビア半島に住むムハンマドがアラーをまつる一神教を起こした。この新たな宗教が、イスラム教であった。

イスラム圏では、ムハンマドがアラビアのメディナで布教を始めた六二二年をイスラム暦の元年としている。イスラム暦は太陰暦なので、イスラム世界の一年は太陽暦をとる地域の一年より一一日前後短い。

イスラム教は一神教で、そこにはユダヤ教やキリスト教と共通する要素もある。しかし、その教えにはアラビアの砂漠の厳しい自然環境で生活する人びとの実生活の中で形成された、生活に有益な教えが多くみられた。このイスラム教は急速に中近東に広まり、イスラム教を国教とする、強大なサラセン帝国がつくられた。

ユーラシア大陸西方の世界は、北のキリスト教圏と南のイスラム教圏に分かれたのである。

さらにイスラム教は、シルクロードがある中央アジアに住むトルコ人や東南アジアの人びとに受け入れられた。

図15　サラセン帝国の拡大

唐代以後の中国でイスラム圏との交易が盛んになり、中国人にとってイスラム教はキリスト教より身近なものになっている。

イスラム教の成立前後で東西交流の形は大きく変わるが、邪馬台国時代がイスラム教の成立以前である点を抑えておく必要がある。

10 シルクロードの東西交流と日本人

東西交流の三つの道

強大な帝国を治める君主の多くは、自らの権威を増すためにこう考えた。
「はるか遠くの未知の世界の、珍しい贅沢品を得たい」
そのために中国の秦朝、漢朝やローマ帝国の有力な君主のもとに、長距離交易に従事する商人が現われた。かれらは命を懸けてはるか遠方の国を訪れて、貴重な貿易品をもたらした。

そのために一、二世紀頃には、東西交流の三つの道が開かれていた。草原の道、オアシスの道、海の道である。

草原の道は、ユーラシア大陸北方の遊牧民が開いた道である。海の道は南方の海上を通る、季節風に乗る帆船を用いた交通路であった。

砂漠を抜けるオアシスの道は、最短距離で東西を結ぶが、飲み水が得にくく砂嵐に悩まされた最も困難な行路であった。ここは絹の交易がなされたことに因《ちな》んで、「シルクロード（絹の道）」とも呼ばれている。

邪馬台国時代の中国では、西洋から来た貿易品は大そう貴重であった。皇帝とその周辺の一部の者がそれを独占していたために、西方のものが日本にまで来ることはまずない。

それでもガンダーラ風の彫像や、唐草文様などの西方の意匠は、三国時代の中国の都に広まりつつあった。邪馬台国などの使者が西洋風の美術を目にする機会は確かにあったろう。

イスラム帝国の成立と貿易の繁栄

七世紀にイスラム帝国が成立した後、その有力者の間に中国の絹などに対する需要が高まった。そのためにまず中央アジアのイラン系の商人による、東西の交易が盛行した。

その頃活躍したのが、イラン系のソグド人である。かれらの主導で、オアシス都

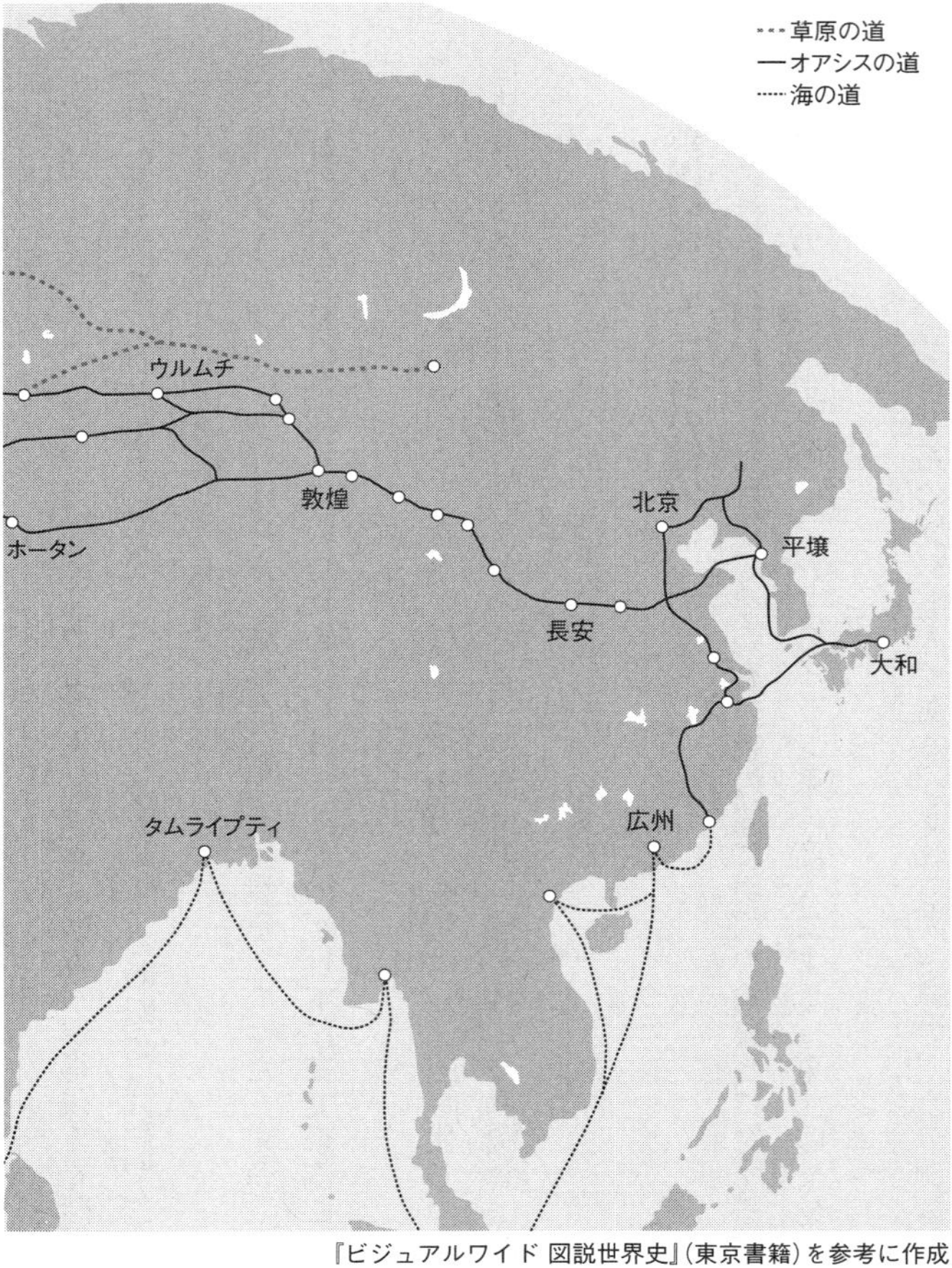

『ビジュアルワイド 図説世界史』(東京書籍)を参考に作成

図16　東西交流の3つの道

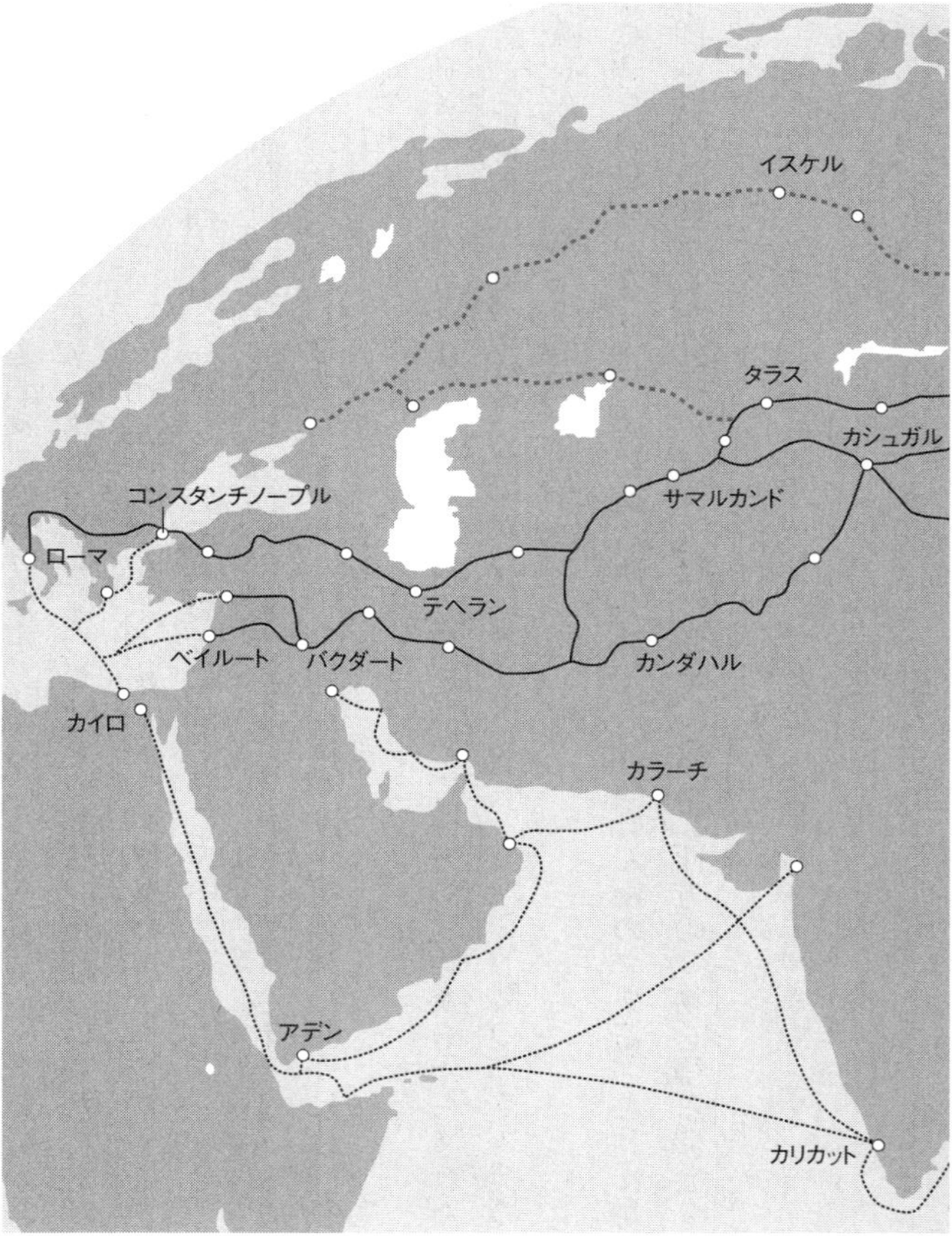

市のあちこちにバザール（市場）が開かれた。

これに次いでイスラム系の諸勢力が陸海の要地を支配し、かれらのもとでアラブ系イスラム商人がオアシスの道の隊商貿易や海の道の商船貿易で大きな利益を上げた。トルコ系の商人も、オアシスの道の貿易に加わった。

おかげで唐代以後に、西方の商品や文化が大量に中国にもたらされるようになった。イスラム教（回教）は七世紀のうちに中国に伝わり、唐の都の長安には回教寺院もつくられた。

この動きの中で奈良時代の日本に、遣唐使を通じて西方の文物がもたらされたのである。正倉院《しょうそういん》には奈良時代の聖武《しょうむ》天皇が愛用した、ペルシア製のガラス碗の白《はく》瑠璃碗《るりわん》や金銅水瓶《こんどうのすいびょう》、漆胡瓶《しっこへい》などが伝わっている。

奈良時代の皇族、貴族は、唐にある西方の工芸品を好んだのである。これに対して中国を訪れた邪馬台国時代の日本人は、極めて貴重な西方の文物を得る機会を得られなかったとみてよい。

白瑠璃碗（正倉院所蔵）

漆胡瓶（正倉院所蔵）

11 国際交流が弥生時代から大和時代への発展をもたらした

邪馬台国時代は大きな転換期

本書では便宜上、弥生《やよい》時代中期から弥生時代後期にかけての時期を「邪馬台国時代」と呼んでいる。おおむね紀元前一世紀末から二世紀はじめが弥生時代中期で、紀元二世紀なかばから三世紀末が弥生時代後期になる。

図17　弥生時代の時期区分と推定年代

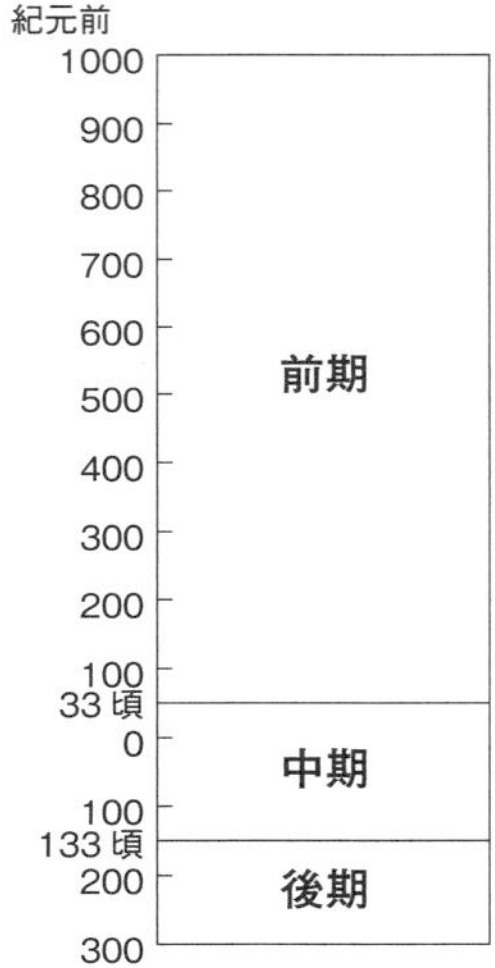

弥生時代前期の人びとは、人口二〇〇人程度の村落で生活していた。ところが紀元前一世紀末に、北九州と朝鮮半島の楽浪《らくろう》郡《ぐん》との貿易が始まった。楽浪郡

については、後で詳しく説明しよう。

大陸との大掛かりな貿易のためには、村落が集まって人口二〇〇〇人ほどの小国をつくる必要があった。これによって一つの地域の中心に、都市と呼ぶべき有力な集落がつくられた。

新たにできた都市には小国の指導者やその下で働く貿易商の航海者がいた。都市となった集落には、港や外敵の略奪を防ぐための土塁や堀があった。

都市の近くには、いくつかの農業を営む村落がみられた。そこから、都市に食料が供給されたのである。

小国の指導者は、人びとをまとめるために銅鏡や銅剣、銅矛《ほこ》を用いた祭祀《さいし》を行なった。この後朝鮮半島との交易によって大量の青銅の祭器や鉄製の農具が広まっていく。それによって個々の小国の勢力は、拡大していった。

団結する交易国家

交易をきっかけにまとまった古代の国家は、「交易国家」と呼ばれる。交易国家の住民は、意欲的に多様な知識を求め、良い商品をつくるために工芸技術を発展させていった。

このような交易国家の指導者には、

「戦争で他国の土地を奪って領土を広げたい」

という発想はない。それと共にかれらは、有益な能力や技術をもつ者を積極的に登用した。そして国を富ませ、自分だけでなく庶民も富ませようとした。さまざまな才能は、ゆとりある生活の中で育つ。食べていくのが精一杯な貧乏な者には、才能を伸ばす余地はない。

このような古代日本の交易国家が、多くの人の知恵を集めて、「より良い国をつくろう」と小国連合を形成した。その動きは二世紀なかばに始まり、やがて日本が大和朝廷のもとの小国連合の形にまとまっていく。

12 外来の文化を取り入れて発展した、古代の日本

縄文文化は北方系

日本列島に、いつから人間が住み始めたのであろうか。確かなことはわからない。

約一二万年前から七万年前のものとされる島根県出雲市砂原《すなはら》遺跡が、現在のところ最古の遺跡とされている。この砂原遺跡は、考古学上の旧石器時代の遺跡とされる。人びとが自然の石を砕いてつくった打製石器を使い、狩猟、漁撈《ぎょろう》、果実や山菜などの採集で生活していた時代が旧石器時代である。日本人はシベリアから樺太《からふと》を通って日本列島に来たと考えられている。

今から一万六〇〇〇年前頃に人びとは縄文土器と呼ばれる土器を発明し、それを用いて生活を大きく向上させた。それと共に、石を砕いたものを丁寧に磨いた、磨

図18　最古の日本人が来た道

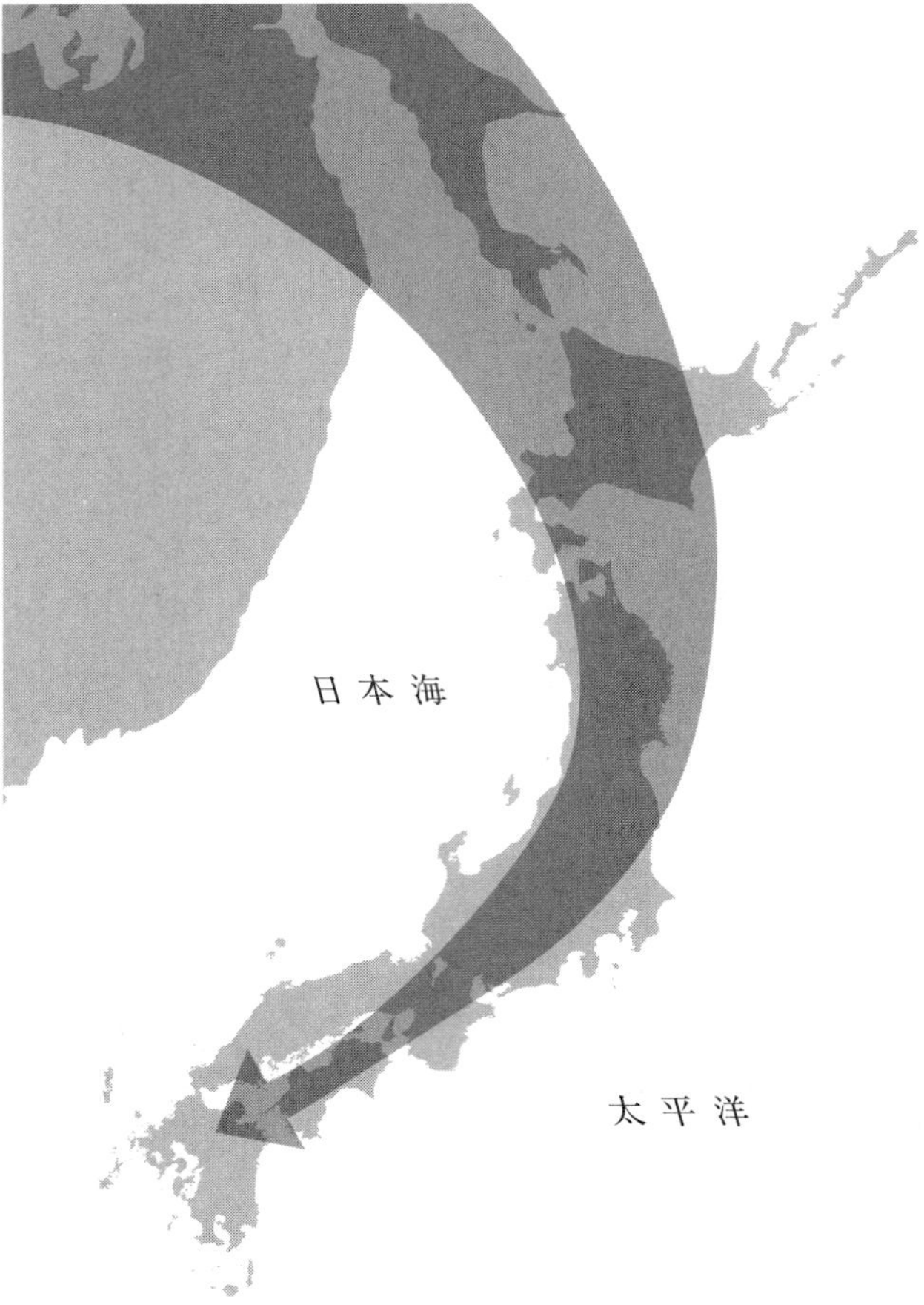

図19　氷期と日本列島の歴史

	現代	1万年前	3万年前　4万年前　7万年前	
地質時代の区分	完新世	更新世		
氷期の時代区分	後氷期	ヴュルム氷期		リス・ヴュルム間氷期
考古学の時代区分	新石器時代（縄文時代）		後期旧石器時代	中期旧石器時代（日本列島に人類出現）

約1万6000年前（?）　約12万年前（?）

寒冷期

製石器が広まった。

それからまもなく縄文人は、弓矢を使用するようになった。そして縄文人は現在の神道《しんとう》の原形となるさまざまな祭祀を始めた。

縄文土器が出現したのちの時代は、縄文時代と呼ばれ、考古学の時代区分では新石器時代とされる。

旧石器時代の日本人は、マンモスを追ってシベリアから樺太や千島列島を通り、日本に移住してきたと考えられている。日本の旧石器時代の文化には、シベリアのものと共通する要素が多い。

そして日本人は旧石器文化をもとに、独自の縄文文化を発展させていった。この縄文文化は、北は北海道から南は沖縄にいたる広い範囲に広がった。この流れからみると、縄文時代までの日本文化は北方系であったと評価できる。

大陸から伝わった弥生時代の農耕文化

紀元前一〇〇〇年頃に、朝鮮半島南端から水田を用いた稲作（水稲耕作）が伝わった。これによって、日本に農耕で食料を得る弥生文化が広まっていった。

水稲耕作は水の豊富な長江下流域（江南《こうなん》）で繁栄し、そこから航海民の手で朝鮮半島南部にもたらされた。そのため日本人は弥生時代の開始によって、水稲耕作に伴う南方系の文化を多く取り入れた。

縄文時代には北方系の毛皮の衣服が主流であったが、弥生時代には江南と同じ麻布の服が広まった。

そして邪馬台国時代が開幕する弥生時代中期以後、日本各地の小国は朝鮮半島経由で意欲的に中国文化を取り入れて大きく発展していった。

この時期から大和朝廷による国内統一にいたる間の日本の歴史は、同時代の中国の動向に大きな影響を受けて動いていった。

このようにみてくると、古代日本の歴史が海外との交流の中でつくられたことがわかってくる。

13 北九州から広まった弥生文化

縄文人が弥生人になる

邪馬台国時代の日本の発展を、弥生文化の中に位置づけておく必要がある。弥生時代前期の一〇〇〇年近い農耕文化のゆっくりした発展のうえに、より良い農耕生活を求めた中国との交流がなされたのである。

朝鮮半島でも北九州でも、紀元前一世紀頃になって、ようやく中国のより高度な文化を受け入れる機が熟したと評価すべきであろう。

私は日本が縄文文化の段階にあったら、中国の前漢代から西晋代にかけての文化は日本に入ってこなかったと考えている。

今のところ弥生時代の最古の遺跡は、福岡市板付《いたつけ》遺跡と佐賀県唐津《からつ》市菜畑《なばたけ》遺跡だといわれている。この二か所の農耕関連の遺跡は紀元前一〇〇〇年頃のものとさ

図20　板付遺跡の水田址

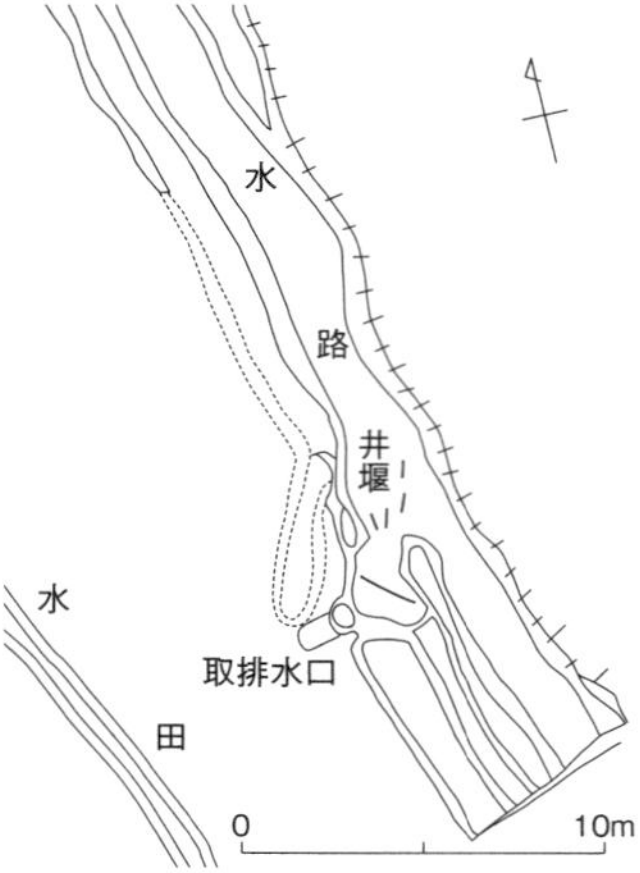

福岡市教育委員会、1979年より

れる。

そして板付遺跡の水田跡のある層から、縄文時代晩期（紀元前一五〇〇—一〇〇〇年頃）の土器が多く出土したことが注目されている。さらに菜畑遺跡でも、水田跡と同じところで縄文時代の土器が出土した。

弥生時代はじめに稲作が広く行なわれていた朝鮮半島南端から北九州への移住者が、北九州に水稲耕作の技術を伝えたことは確実である。しかし弥生時代開始期に、朝鮮半島から大量の移住者が来て、何もない原野を開いて集落を起こしたとすべきではあるまい。

もとから北九州で集落を営んでいた縄文人が、新たな技術を獲得して弥生人になったのであろう。

図21　弥生文化圏の広まり

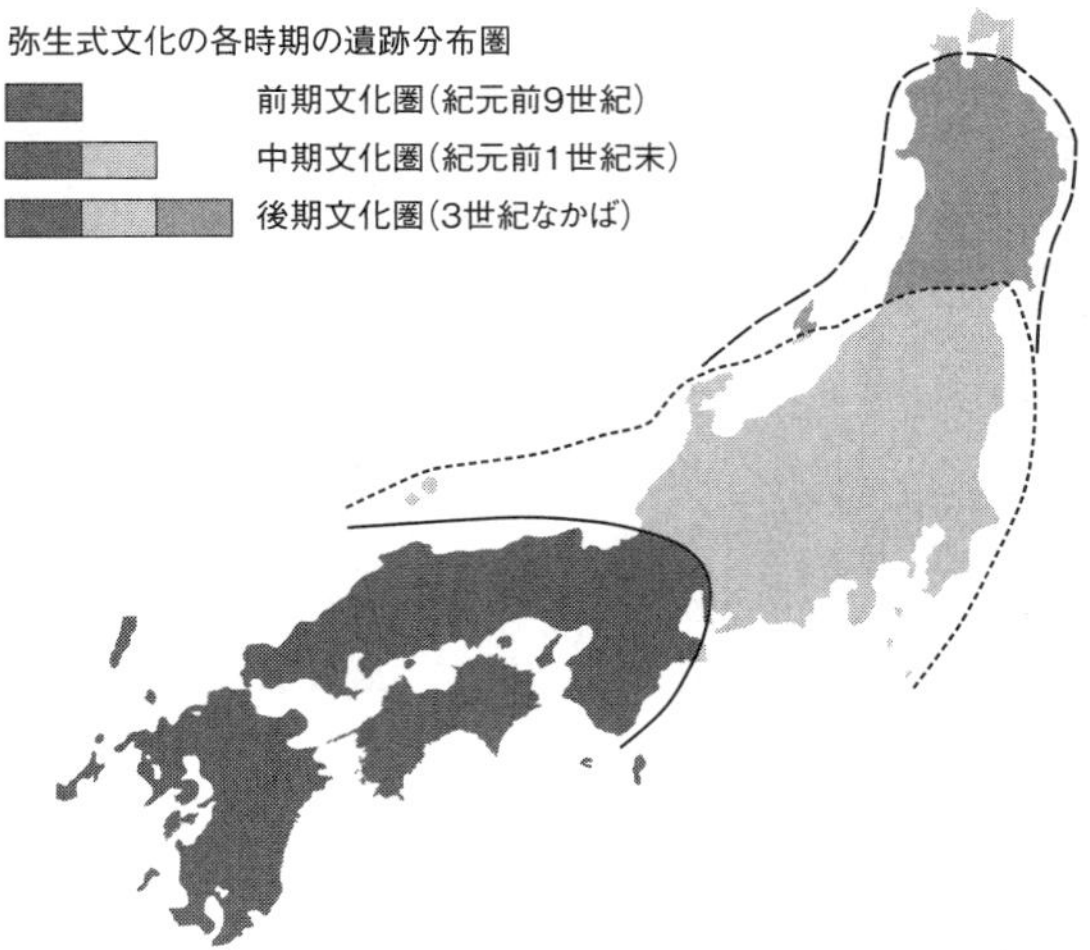

西日本の弥生文化

遺跡の分布から、弥生文化が西から東にゆっくりと広まったありさまがわかる。北九州の玄海灘沿岸には、早い時期に弥生文化が広まっていた。

しかし水稲耕作《すいとうこうさく》地帯は時間をかけて東進し、近畿地方の東端のあたりでいったん止まった。東北地方南半分までの範囲に弥生文化が行き渡るのが、紀元前一世紀末頃になる。

そこで弥生文化の東進は百数十年ほど足踏みし、三世紀なかば頃

板付遺跡（福岡市）

にようやく東北地方北半分の大部分が弥生文化圏になった。

このような弥生文化の広まりと、邪馬台国時代の政治史との関わりを正確に摑んでおく必要がある。北九州の小国と楽浪郡との貿易が始まった紀元前一世紀末の大和は、北九州とたいして変わらない文化をもっていたのだ。

14 北九州に発生した最初の小国

吉武高木遺跡は最古の小国の王墓

私は紀元前一世紀末に江南から航海民の集団が日本に移住してきたと考えている。かれらは進んだ造船技術や航海技術を日本に広めた。

おかげで日本人が自ら船団をつくり、朝鮮半島に交易に出掛けていくようになったとみられる。前（23ページ）にも記したが貿易船を仕立てるには、それなりの人材が必要になる。そのために人口二〇〇人程度の集落が集まって人口二〇〇〇人ほどの小国を組織したと考えてよい。

現在知られる北九州の最古の小国の遺跡に、福岡市吉武高木《よしたけたかぎ》遺跡がある。そこからは、紀元前二〇年代頃のものとみられる王墓が発見されている。

そこでは中国製の銅鏡と、朝鮮半島でつくられた銅剣九本、銅矛《どうほこ》一本、銅戈《どうか》一本が出土した。それは吉武高木遺跡の首長が、楽浪郡との交易で手に入れたものとみられる。

考古学者の寺沢薫氏は、吉武高木遺跡のあった早良《さわら》平野（福岡市早良区、西区）に同時期に八つの集落があったと推測している。そしてそれは室見《むろみ》川東岸の五個の集落と西岸の三個の集落に分かれ、それぞれが一つの小国をつくっていたと考えた。

このうちの室見川西岸の集落を治めたのが、吉武遺跡群の中の吉武高木遺跡に葬られた首長であろう。

楽浪郡の青銅器が日本で出土する

前（23ページ）で紹介した『漢書《かんじょ》』に、「楽浪海中に倭人あり」と書かれている。一〇〇余りの国に分かれてしばしば楽浪郡に朝貢した人びとである。

吉武高木遺跡は、この『漢書』の記事を裏付けるものとみられる。そこの首長は楽浪郡と交易し、中国製の銅鏡などを入手したのであろう。

対馬、壱岐、玄海灘沿岸などに、紀元前一世紀末に楽浪郡と交易した倭人の小国

図22　紀元前1世紀末の早良平野

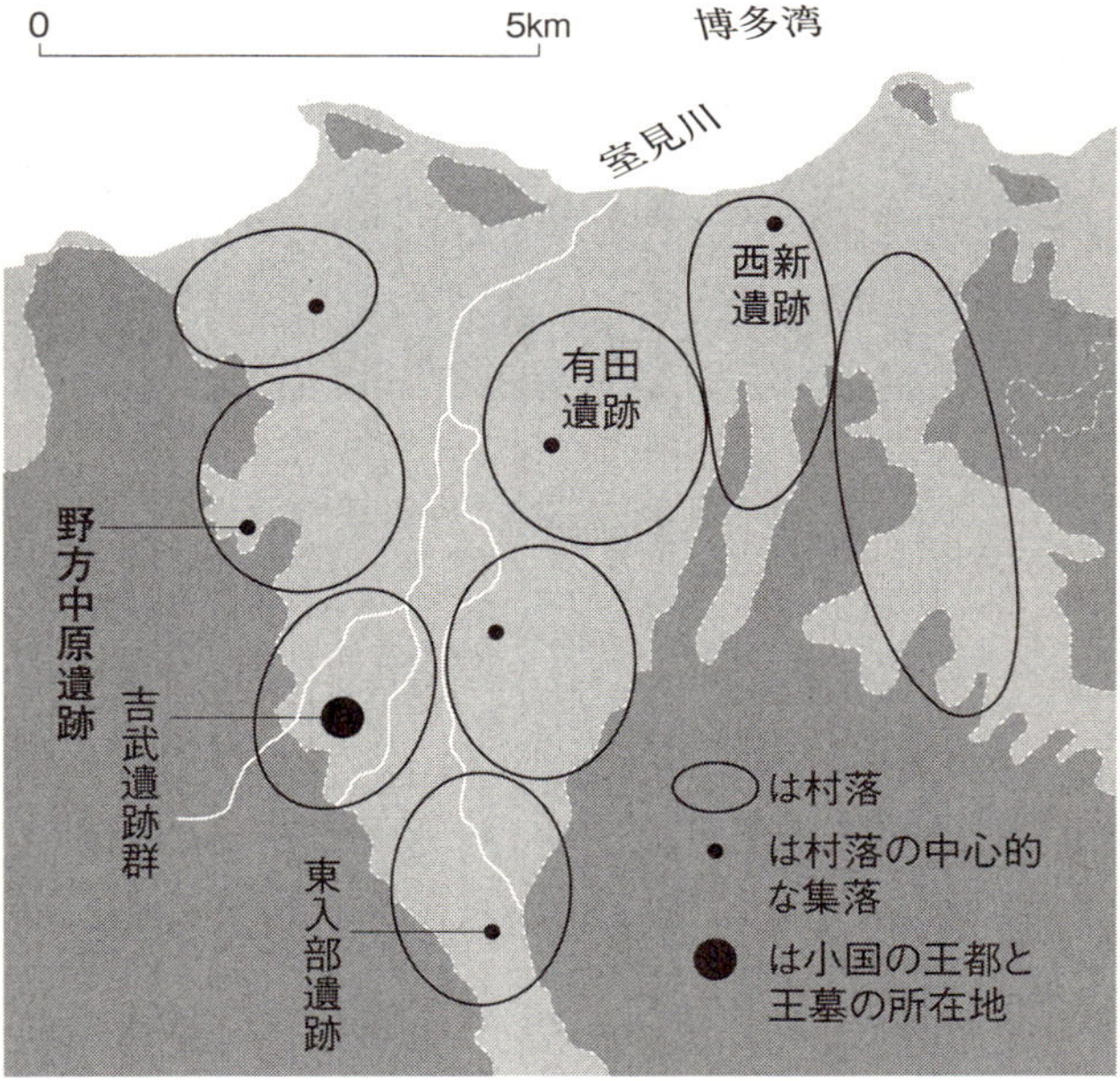

（寺沢薫『王権誕生』〈講談社〉の図に加筆）

吉武高木遺跡（福岡市）

が多くみられたのであろう。その中には福岡平野の奴国《な》、前原《まえばる》平野の伊都《いと》国などの前身にあたる有力なものも混じっていたろう。

奴国は福岡平野の板付遺跡を残した集団の流れをひくものかもしれない。

一世紀に入ると中国と交易する倭国の国々が、大幅にふえていったと考えられる。そのためその頃の北九州の遺跡で、銅鏡、銅剣、銅矛などの大陸産の遺物が多く出土するようになった。

そして二世紀末に中国と交易する北九州の小国群を統轄する邪馬台国が出現するのである。そのことを踏まえたうえで、同時代の西日本各地をみていこう。

15 卑弥呼の時代より早く出現した出雲王国

出雲の神政王国の誕生

前の章（29ページ）に記したように二世紀はじめに、伊都国が玄海灘沿岸と壱岐、対馬の小国を束ねる強大な交易国家として登場した。

さらに筆者は二世紀末に「倭国大乱」と呼ばれる筑後川流域の新興勢力と伊都国との勢力争いがなされたと考えている。そしてこの対立をおさめた卑弥呼が、三十の小国を総《す》べるようになった。

図23に示したように卑弥呼の勢力範囲は、ほぼ肥前の大部分と、筑前西部、筑後、つまり現在の福岡県の西半分と佐賀県、長崎県の一部を合わせた範囲にあったとみられる。二世紀末の時点で、「北九州王国」と呼び得る古代国家が現われたのである。

考古資料からみて、大和朝廷に統一される前の西日本に北九州、出雲、吉備《きび》、大

図23　北九州の小国(伊都国連合から邪馬台国連合へ)

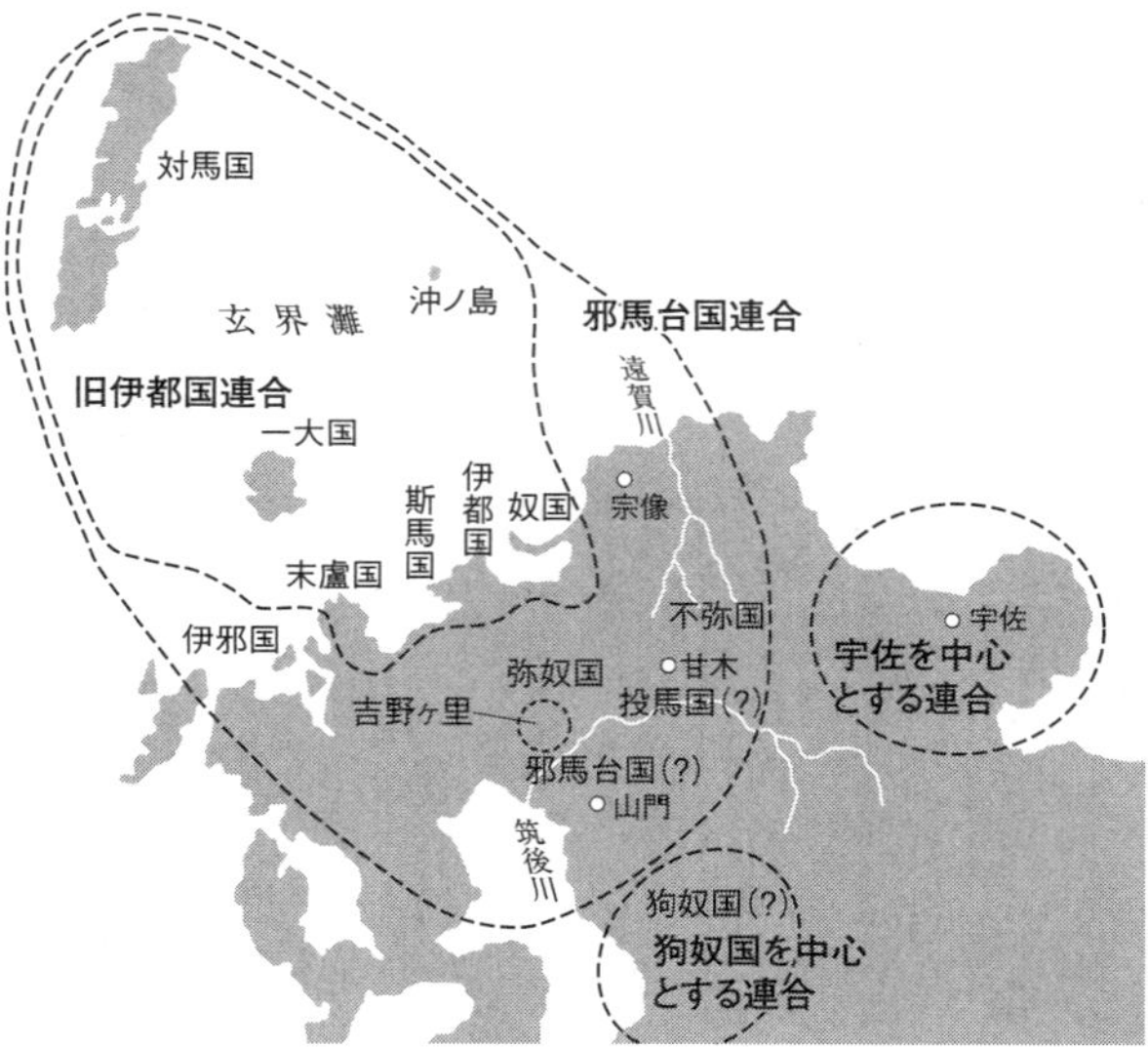

和の四つの王国が並び立っていたとみられる。

この中でもっとも早く出現したのが、出雲王国である。島根県出雲市の荒神谷《こうじんだに》遺跡は、「神政国家」と呼ぶべき出雲の小国連合の実態を物語る貴重な遺跡である。

荒神谷遺跡の出雲王国は、祭祀が始まる二世紀なかばにできたと考えられる。この時期は、伊都国が中国の後漢朝に使者を送った一〇七年より新しく、卑弥呼が三〇の小国を治めるようになった二世紀後半より古い。

荒神谷に集まった三五八人の首長

荒神谷遺跡では、三五八本の銅剣がまとまって出土した。それはきっちりと四列に並べられて、木箱に収められていた。

銅剣は時代が下ると共に太く華やかな形になっていくが、荒神谷遺跡で出土したものは中細形銅剣と呼ばれる比較的細身のものである。

この銅剣の形式によって、二世紀なかば頃に荒神谷の祭祀が行なわれたと推測された。荒神谷は仏経山《ぶっきょうざん》の麓に位置し、仏経山は古代には「神々が集まる山」を意味する「神奈備山《かんなびやま》」と呼ばれていた。

荒神谷の祭祀は、神奈備山の神を祭るものであったろう。荒神谷の近くの大念寺《だいねんじ》古墳、大寺《おおでら》古墳なども、明らかに神奈備山を拝む位置に築かれていた。

出雲一国の各地から小国の首長が荒神谷に銅剣を持ち寄って、年に一度の収穫感謝の祭祀を行なっていたのではあるまいか。これは、のちの新嘗祭《にいなめのまつり》に相当するものであろう。この祭りのときに首長たちは稲作を支えてくれた銅剣の神にお礼を述

図24　荒神谷関連の遺跡分布図

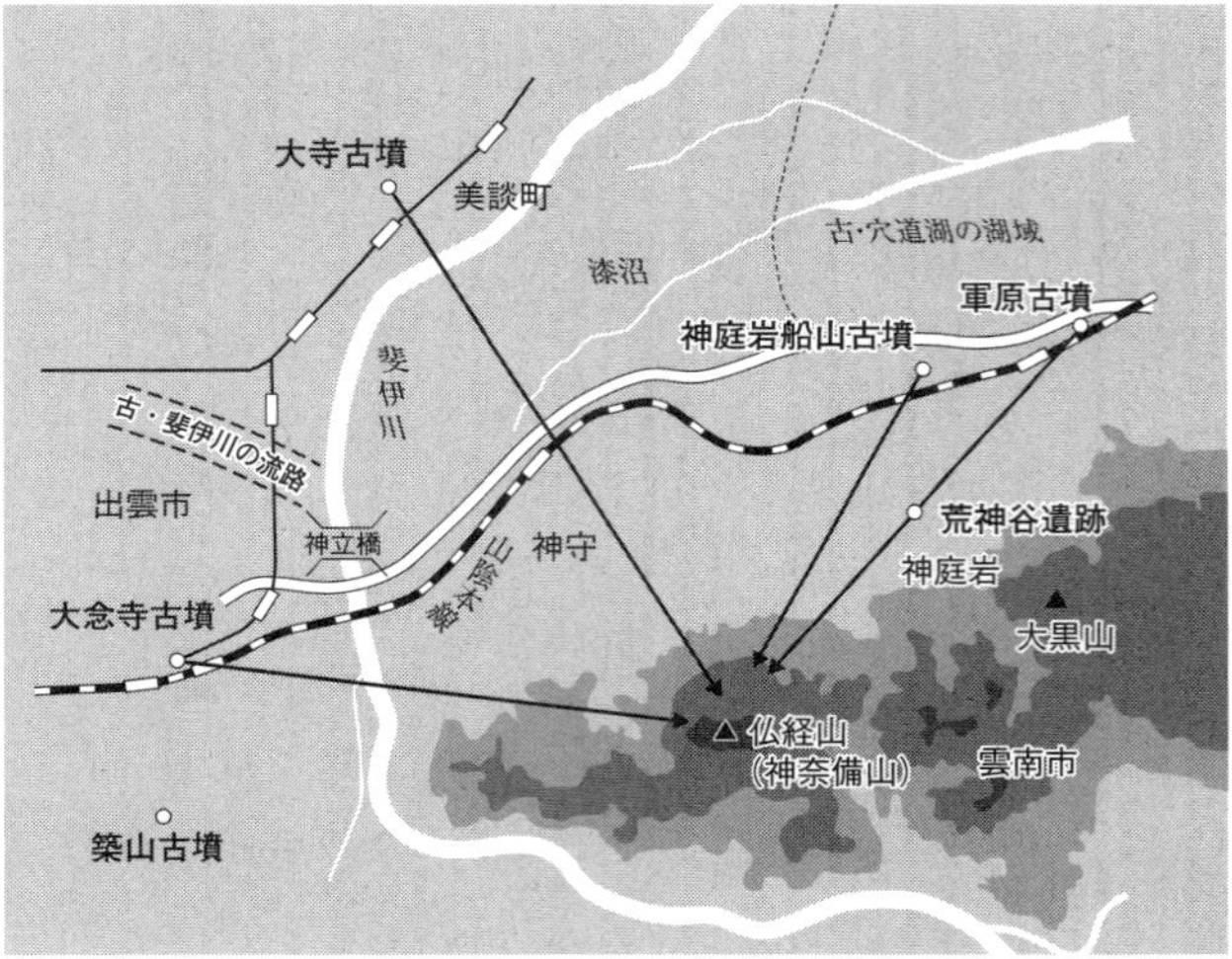

べた後、その神に地中で休んでもらったのであろう。

銅剣のあり方から、小国の首長たちは原則的に誰もが対等の立場にあったとみてよい。荒神谷は、のちに出雲大社の祭司を務める出雲氏の勢力圏にあった。この点から、荒神谷の祭祀が出雲大社の大国主《おおくにぬしの》命《みこと》信仰に連なる可能性が高い。

北九州や大和では銅鏡が最も重んじられているが、出雲の神政国家では北九州や大和のものと異なる剣（銅剣）を重んじる祭祀が行なわれていたのである。次に、吉備の勢力について見ておこう。

荒神谷遺跡の358本の銅剣（出雲市・島根県教育庁埋蔵文化財調査センター）

16 独自の文化を育てた吉備王国の繁栄

出雲に出現した四隅突出型墳丘墓

弥生時代後期なかばに入った二世紀末になると、北九州、出雲、吉備に、有力な王墓が出現した。「古墳出現直前の王墓」と呼ぶべきものである。

前（32ページ）に記した前原平野の伊都国が残した糸島市平原《ひらばる》遺跡は、その一例である。

出雲では、出雲市西谷《にしだに》墳丘墓群と安来《やすぎ》市塩津《しおつ》墳丘墓群が出現した。前者は出雲西部の有力豪族である神門《かんど》氏、後者は出雲東部の有力者である出雲氏の先祖が残したものと推測できる。

二世紀末にも出雲氏と神門氏は連携して、出雲の小国を束ねた形の荒神谷遺跡の祭祀の流れをひく、祭祀を続けていたと思われる。それと共にかれらは自らの本拠地で、墳丘墓を拠点とする自家のための祭りを行なっていたのであろう。

出雲の墳丘墓のなかの西谷三号墳は、縦四〇メートル横三〇メートルほどの四辺形に盛り土をした墳丘をつくり、そこの四隅に一〇メートル余りの突出を付けた形をとっている。ただし墳丘の高さは四・五メートル程度で、古墳よりはるかに低い。

有力な首長を葬った吉備の楯築墳丘墓

二世紀末にあたる弥生時代後期なかばの岡山平野に、全長七二メートルの規模をもつ倉敷《くらしき》市楯築《たてつき》墳丘墓が築かれた。この墳丘墓は、出雲の墳丘墓の約一・五倍の規模をもつ。岡山平野は、古代に吉備と呼ばれた地域の中心地であった。

高さは低いが、楯築墳丘墓の全長は大和の出現期の古墳に見劣りのしないものである。

二世紀末の岡山平野に北九州や出雲の首長より有力な首長が出現したと考えるべきである。

吉備王国は瀬戸内海の交易を把握し、北九州と近畿地方中部（畿内）との流通の

図25　出雲周辺の四隅突出型墳丘墓の分布

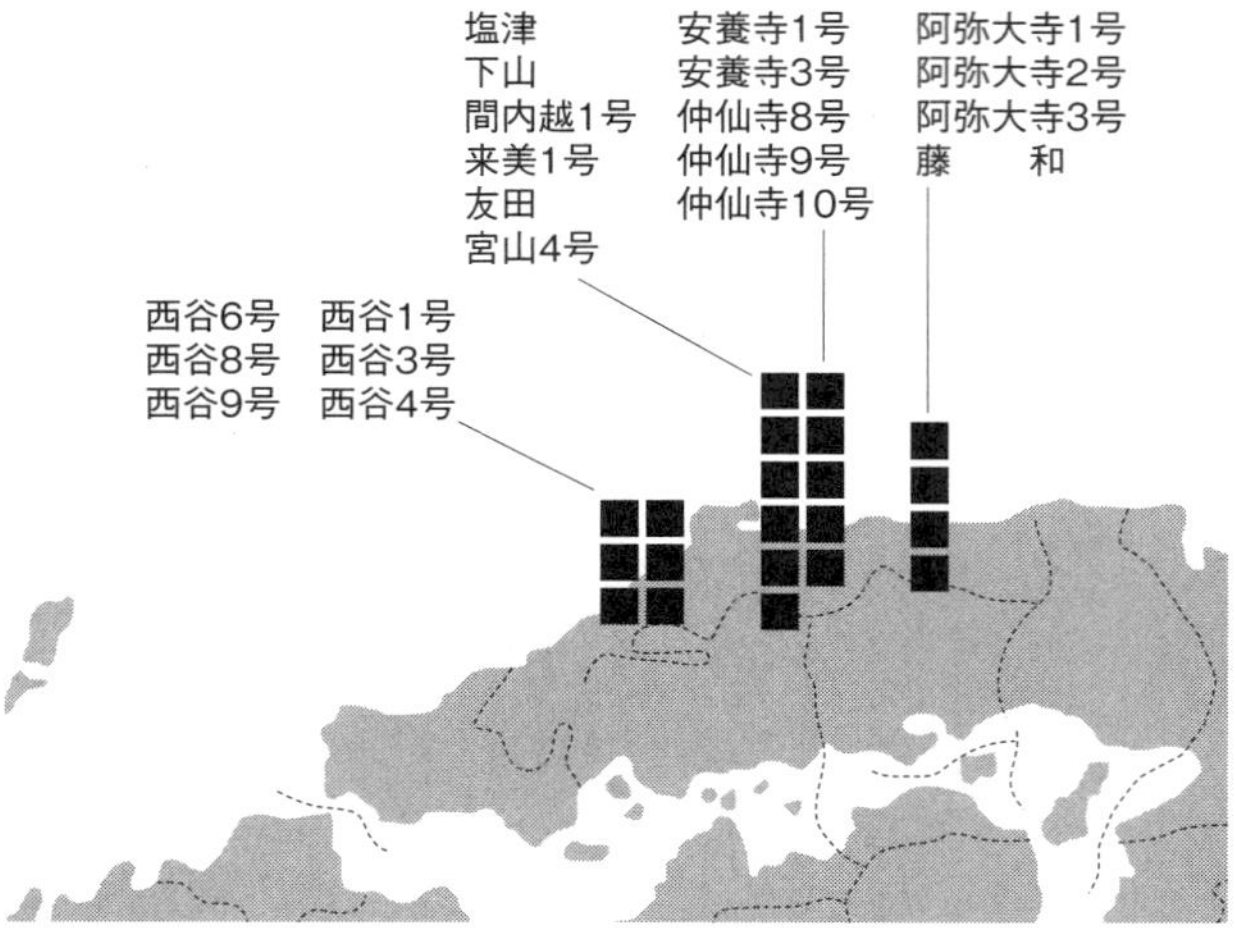

利益を得て急成長したのであろう。

楯築墳丘墓は全長約八〇メートルで、直径約四〇メートル、高さ約五メートルの円形の墳丘の前後に長さ二〇メートル余りの突出部を付けた形をとっている。突出部の前面には、巨大な石を立て並べた区画がつくられていた。それは、墳丘墓が容易に入ってはならない神聖な地であることを示すものである。

楯築墳丘墓の周辺には、それと同時期の墳丘墓が集中している。しかし岡山平野には、楯築墳丘墓

楯築遺跡（倉敷市）

に匹敵する有力な王墓はみられない。楯築墳丘墓に次ぐのは、全長三〇メートルの総《そう》社《じゃ》市新本立坂《しんぽんたてさか》古墳になる。

二世紀末に吉備の小国群の勢力が拡大すると共に、楯築墳丘墓を残したかれらを束ねる吉備王国の有力な王が出現したとすべきであろう。この吉備王国の王が、のちに吉備氏になるとみてよい。

この吉備王国からの移住者が、次項に取り上げる大和朝廷を起こした可能性が高い。

17 最初の古墳をつくった纏向遺跡の大和朝廷

大和に巨大な古代都市が出現した

三世紀はじめの大和に、それまでに例のない巨大な遺跡が出現した。桜井市纏向《まきむく》遺跡である。そこは「弥生都市」と呼ぶのにふさわしいもので、大和朝廷の本拠地とされる。

誕生したときの纏向遺跡の規模は、約一平方キロメートルあった。この大きさは奈良の平城京の核となる平城宮《へいじょうぐう》や、藤原宮、陸奥《むつ》の国府であった多賀城《たがじょう》（宮城県多賀城市）に匹敵する。

さらに纏向遺跡は三世紀後半に、約三平方キロメートルまでに拡大した。纏向遺跡とその支配下の農村をあわせた人口は、最初は一万人ほどであったとみられる。それが五〇年ほどのうちに、約三万人に拡大したと考えられる。

図26　纏向遺跡の概要

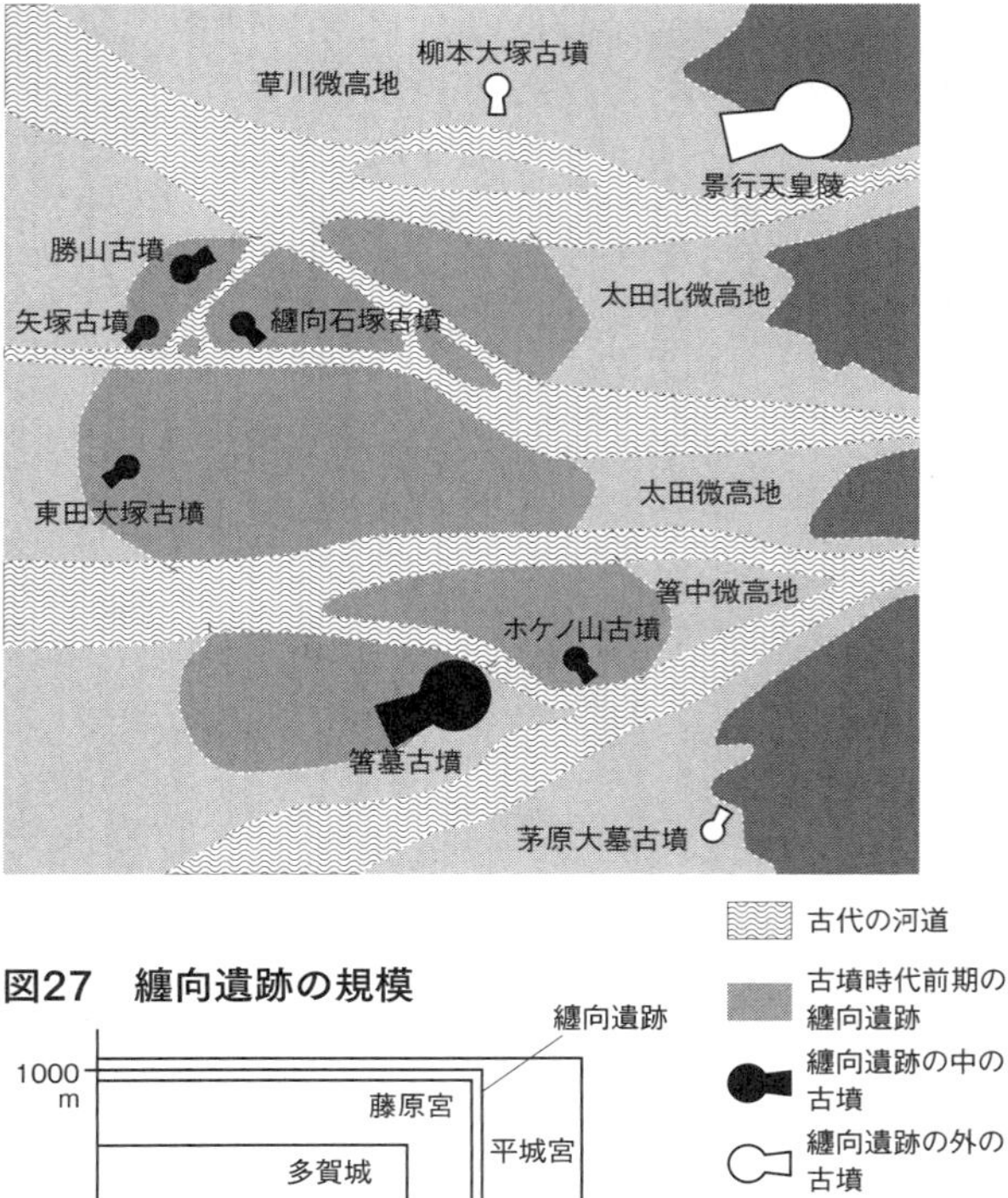

図27　纏向遺跡の規模

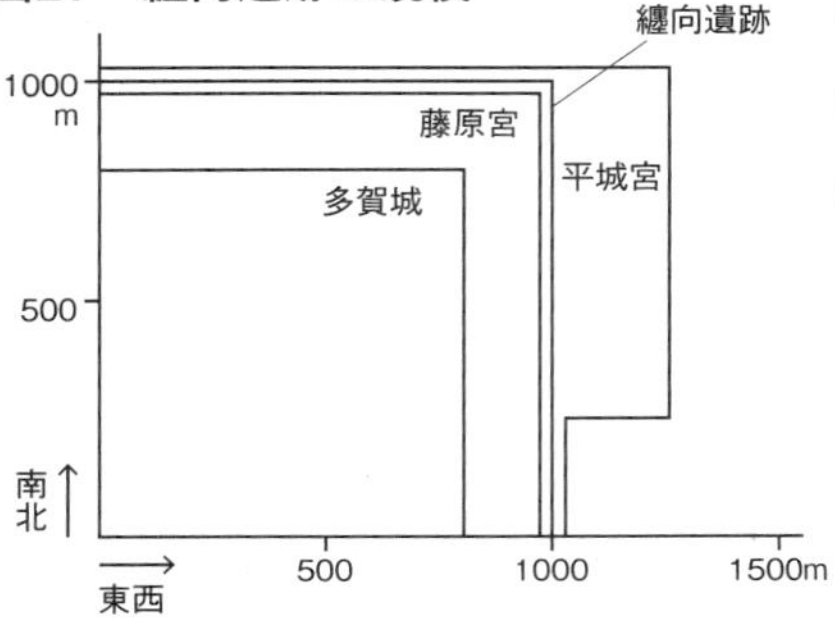

現在の桜井市の人口が六万人余りであるから、三世紀の桜井市に相当する範囲にその半分足らずの人びとが住んでいたのである。弥生時代の日本の人口は六〇万人から八〇万人程度とされる。

現在の日本人の約一〇分の一が、東京に住んでいる。一方で、弥生時代後期末の時点の大和朝廷の本拠地に、日本の総人口の少なくとも二〇分の一か三〇分の一がいたことになる。

纏向遺跡では、この地が日本の商工業の中心地として栄え、その成果がさまざまな形で各地に発信されていたありさまがわかる。

吉備から来た纏向遺跡の人びと

大和川《やまとがわ》という有力な河川が、奈良盆地を流れている。弥生時代には農業を営む多くの集落が、大和川とその支流の流域に営まれた。

河内《かわち》に近い大和川の中流のあたりに、有力な集落が多かった。ところが纏向遺跡は大和川の支流の巻向川《まきむくがわ》の上流にあり、その背後には伊勢《いせ》との境に連なる山が続いていた。

図28　大和川とその支流

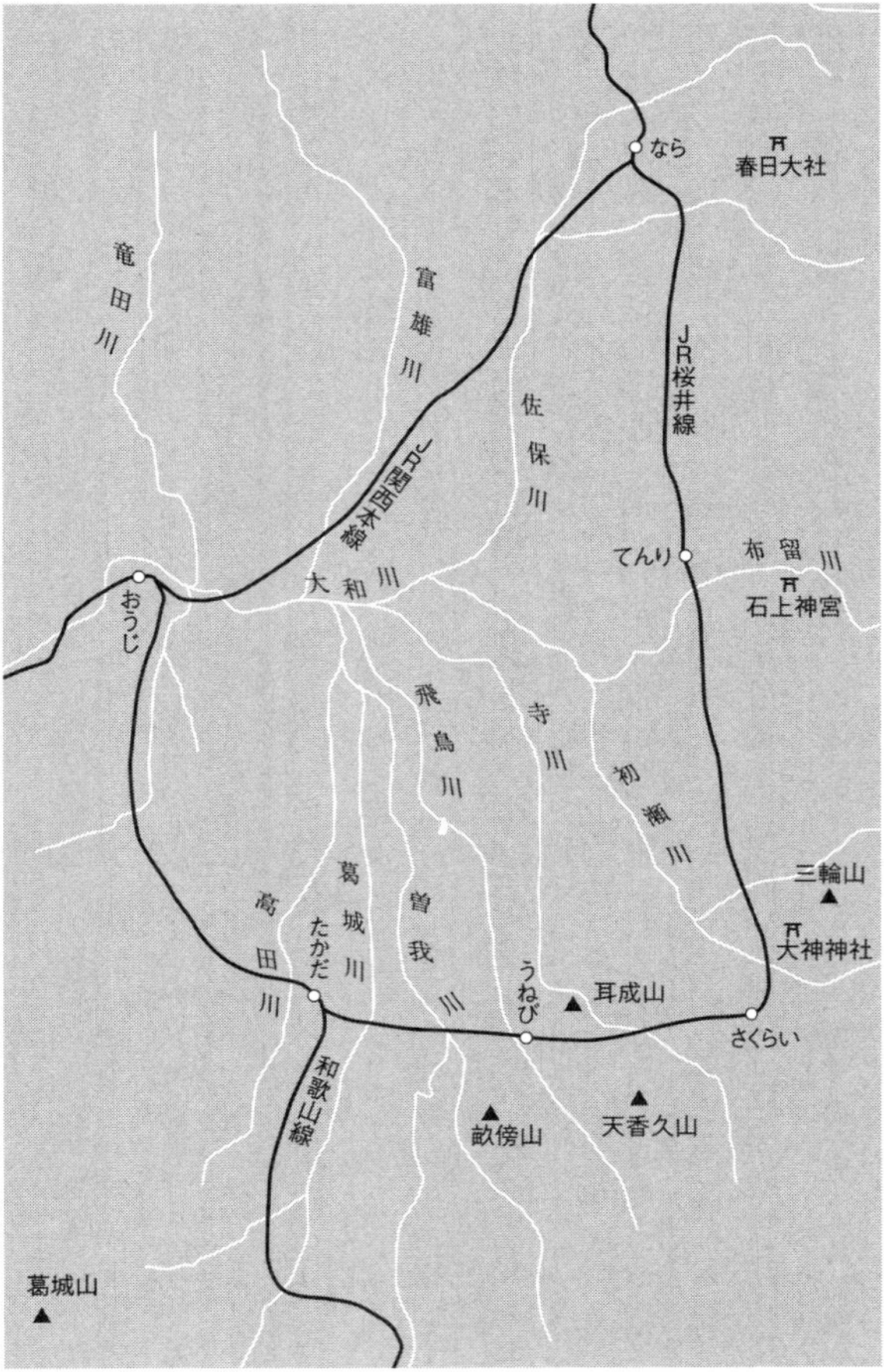

纏向は何もない後進地であったが、そこに何の前触れもなく三世紀はじめに有力な弥生都市が現われた。

この点からみて私は、有力な移住者の集団が、何もない原野であった纏向を開発して本拠としたと考えている。かれらは、大和の先住者との争いを避けたのである。

纏向遺跡から、同時期の吉備のものと共通する考古資料がいくつか報告されている。それは、大和の他の遺跡にみられないものである。

後（104ページ）で詳しく説明するが、二二〇年頃に纏向遺跡に纏向石塚古墳《まきむくいしづか》が築かれている。これは最古の古墳とされるが、纏向石塚古墳では吉備の墳丘墓で行なわれたものと共通する朱を用いた清めがなされていた。

またそこから、吉備の祭器に描かれた、弧帯文《こたいもん》と呼ばれる模様を刻んだ木板が出土した。それは、紐で首から吊るして祭祀のときのお守りに用いたものであろう。

纏向遺跡には、最も古い大型古墳である箸墓《はしはか》古墳もある。それは、二八〇年頃のものとみられている。この箸墓古墳には、吉備に多くみられる特殊壺《とくしゅつぼ》という祭器が飾られていた。

弧帯文板（桜井市教育委員会所蔵）

こういった点から私は、吉備から移住してきた首長が大和朝廷を開いたとみるのである。かれらは三世紀末頃まで、吉備特有の祭祀も行なっていた。しかし後で述べるように、かれらはそれよりも大和朝廷を開いたあとの独自のさまざまな祭祀を重んじ、その祭祀を各地に広めていった。

次項では、大和朝廷の成立に関する日本の文献の記述にふれておこう。

18 『古事記』『日本書紀』が記す大和朝廷の発展

不確かな日本の歴史書

近年になってようやく、紀元前一世紀末から三世紀頃までの日本史について、これまで解明されていないことが断片的ながら明らかになってきた。本章ではこれまで、世界史の中の日本古代史の位置と、邪馬台国時代から大和朝廷の成立期までの日本史を理解するための要点について説明してきた。

しかし確実に摑めるのは、この次に記す程度のことにすぎない。

紀元前一世紀の北九州にようやく、人口二〇〇〇人程度の小国が現われた。そして二世紀なかばから末に、出雲王国、北九州王国（邪馬台国連合）、吉備王国といった有力な小国連合がつくられた。そして三世紀はじめにより有力な大和朝廷が現われ、四世紀に西日本統一の動きをすすめていく。

図29　『古事記』と『日本書紀』の比較

	『古事記』	『日本書紀』
完成時期	712年	720年
巻　数	全3巻	全30巻＋系図1巻 （系図は現存せず）
編　者	「帝紀《ていき》」「旧辞」を誦み習わした稗《ひえ》田阿礼《だのあれ》が語ったものを、太安万侶《おおのやすまろ》が筆記。	川嶋皇子《かわしまのみこ》ら6人の皇親《こうしん》と中臣《なかとみの》連大島《むらじおおしま》ら6人の官人によって編纂を開始。舎人親王《とねりしんのう》らが受け継ぎ完成。
性　格	物語風歴史	中国風の正史
収録期間	天地初発～推古《すいこ》天皇	天地開闢《かいびやく》～持統《じとう》天皇
表　記	日本漢文体	漢文体
その他	●大国主命を中心とした出雲神の話を重点的に紹介。	●中国思想の影響がある。 ●天皇支配の正当性を主張。 ●豪族の伝承を多く取り込む。

図30　『古事記』『日本書紀』制作の流れ

年代	出来事
天武3～6年頃 （674～677頃）	天武天皇が稗田阿礼に「帝皇《ていおう》の日継《ひつぎ》」（「帝紀」）と「先代の旧辞」（「旧辞《ふること》」）を誦み習わせる。
天武10年（681）	天武天皇が川嶋皇子らに「帝紀および上古《じょうこ》の諸事《しょじ》」を記し定めるように命じる。
朱鳥元年（686）	天武天皇没す。この頃に阿礼の仕事はほぼ完成していた。
慶雲2年（705）	この頃、舎人親王が『日本書紀』作成の責任者になる。
和銅4年（711）	元明《げんめい》天皇が、阿礼がまとめた『旧辞』を太安万侶に書き記させる。
和銅5年（712）	『古事記』が完成する。
和銅7年（714）	紀清人《きのきよひと》と三宅藤麻呂《みやけのふじまろ》が『日本書紀』作成の担当者に加わる。
養老4年（720）	舎人親王らが『日本書紀』を完成させて元正《げんしょう》天皇に差し出す。。

この時代に活躍した人物の名前も、卑弥呼など十数名程度が知られるだけである。

「日本にも立派な歴史書がある」と反論するのは容易である。確かに『古事記』『日本書紀』には、神々の時代に始まる詳細な歴史が記されている。

しかしそれらは、はるかのちの奈良時代はじめ、つまり八世紀はじめ（七一二年と七二〇年）に書かれたものにすぎない。そして日本古代史の専門家の多くは、『日本書紀』などの内容の大部分は、後世に創作された物語であると考えている。

神武東征伝説と崇神天皇の三輪山祭祀は纏向遺跡に関わる記録

伝説を歴史研究の素材（史料）として扱うのは難しい。しかしはるか昔の出来事が、文字にならずに人から人へと言葉で語り継がれた例も確かにある。

とくに一つの集団が、自分たちに深い関わりをもつ事項について語る起源伝説の中には何らかの確かな根拠を踏まえたものも少なくない。

その意味で私は、『日本書紀』などの二つの記事に注目している。一つは大和朝

箸墓古墳（桜井市）

廷の起こりを語る記事。もう一つは、王家（皇室）の祖先が重んじた三輪山の神である、大物主神《おおものぬしのかみ》の祭祀の開始にまつわる記事である。

王家（皇室）の起源を説くのが、神武東征伝説である。それは最も高い権威をもつ神である天照大神《あまてらすおおみかみ》の子孫にあたる磐余彦《いわれびこ》が、日向《ひゅうが》から大和に遠征してそこの人びとを従えて、初代の神武《じんむ》天皇となったとする話である。

その物語は、王家の先祖が吉備から大和に移住して纏向を起こしたときの記憶をもとにつくられたものではあるまいか。

『日本書紀』などは崇神《すじん》天皇の大叔母にあたる倭迹々日百襲媛命《やまとととひももきひめのみこと》が三神山の神の神

三輪山（桜井市）

託を受けたことによって、崇神天皇が大物主神の祭祀を始めたという。纏向遺跡のすぐ東方にある三輪山は「神奈備山《かんなびやま》」という神の宿る山で、そこの発掘によって王家がそこの神をあつく祭っていたことが明らかになっている。

箸墓古墳は全長二七八メートルの有力な前方後円墳で、そこは倭迹々日百襲媛命を葬ったものだと伝えられる。王家に古くから、「大和朝廷を大きく発展させた王族の巫女《みこ》のために箸墓古墳が築かれた」という伝承が伝わっていたのであろう。

『日本書紀』などの記事の多くはただの伝説であっても、その記述と考古資料の対応を手掛かりに大和朝廷の起源をある程度知ることができる。そうであっても三世紀以前の日本史はきわめて不確かなのである。

次章は中国、朝鮮半島などの周辺の国々の歴史と絡めつつ、邪馬台国時代の日本をみていこう。

コラム　古墳の誕生

古墳の誕生は、日本古代史上で画期的な出来事であった。最初の古墳は、奈良県桜井市の纒向石塚古墳である。

その古墳は二二〇年頃に築かれたとされる、全長九三メートルの前方後円墳である。纒向石塚古墳は、纒向遺跡が建設された直後と呼ぶべき時期に築かれた。

纒向遺跡には、六基の古墳がある（93ページの図参照）。その中には全長約九〇メートルで纒向石塚古墳とほぼ同形式の纒向型と呼ばれる古墳が五基みられる。纒向型前方後円墳は、前期のものと後期のものに分けられる。纒向石塚古墳と矢塚《やづか》古墳が前期纒向型古墳で、矢塚古墳は、纒向石塚古墳に次いで二三〇年頃に築かれた。

後期纒向型古墳の勝山《かつやま》古墳、東田大塚《ひがしだおおつか》古墳、ホケノ古墳はいずれも二五〇年頃につくられた。このような纒向型古墳に次ぐ古い古墳が、前（102ページ）にあげた箸墓古墳である。墳丘墓よりはるかに高い盛り土をした古墳は、亡くなった大王を神として祭るためのものとされている。

第三章

異民族との交渉からみた古代中国の王朝

19 武帝のもとで全盛を迎えた前漢朝

中国に帝国を出現させた秦の始皇帝

中国では古い時代に、皇帝の専制がとられた強国（帝国）がつくられた。東洋史の研究者はそれを「秦漢《しんかん》帝国」と呼んでいる。

戦国時代までの中国の君主は、王号を用いていた。しかし戦国の七雄《しちゆう》と呼ばれる国々の争いに勝ち残り、中国を統一した秦の始皇帝《しこうてい》は、はじめて皇帝号を用いた。皇帝は、王よりはるかに格上のものとされた。さらにかれは、戦国時代以来しばしば中国の北の辺境を侵していた匈奴《きょうど》（110ページ参照）という異民族を意欲的に攻撃した。そして戦国時代につくられていた長城《ちょうじょう》（万里《ばんり》の長城）を修築して、匈奴の侵入を防いだ。

それと共にかれは華南を征服して、南海《なんかい》など三つの郡を置いた。おかげで中国の

図31　中国人の南進

①〜④の順で征服した
＊後漢代の会稽郡はこの時代の会稽より南方にあった（41ページ参照）

領域は、現在のベトナム北部にまで広がった（107ページの地図参照）。

このあと秦朝が倒れて前漢朝が立ったが（紀元前二〇二年）、前漢では呉楚七国《ごそしちこく》の乱などの内紛が続いた。武帝《ぶてい》（在位紀元前一四一―八七）の時代になってようやく国力が安定したのである。前（20ページ）にも記したようにこの武帝は拡大策をとり、四方に積極的に遠征した。

前漢の武帝に従った各地の異民族

武帝の時代の直前の前漢朝は、大きく後退して四方の貿易路をすべて異民族に塞がれた形になっていた。そのため武帝はまず、貿易の利権を確保することを第一の目的とした遠征を始めた。

南方には甌越《おうえつ》、閩越《びんえつ》、南越《なんえつ》の勢力が割拠していたが、武帝はかれらを討って前漢の領域をベトナム中部まで広げた。これによって中国の商人が、東南アジアで広く活躍するようになったのである。これと共に前漢朝は、チベット高原に勢力を広げた。これはインド方面の通商路を確保するものであった。

前に述べたように（20ページ）前漢朝は武帝の時代に朝鮮半島の大半を手中にお

図32　武帝時代の漢の発展

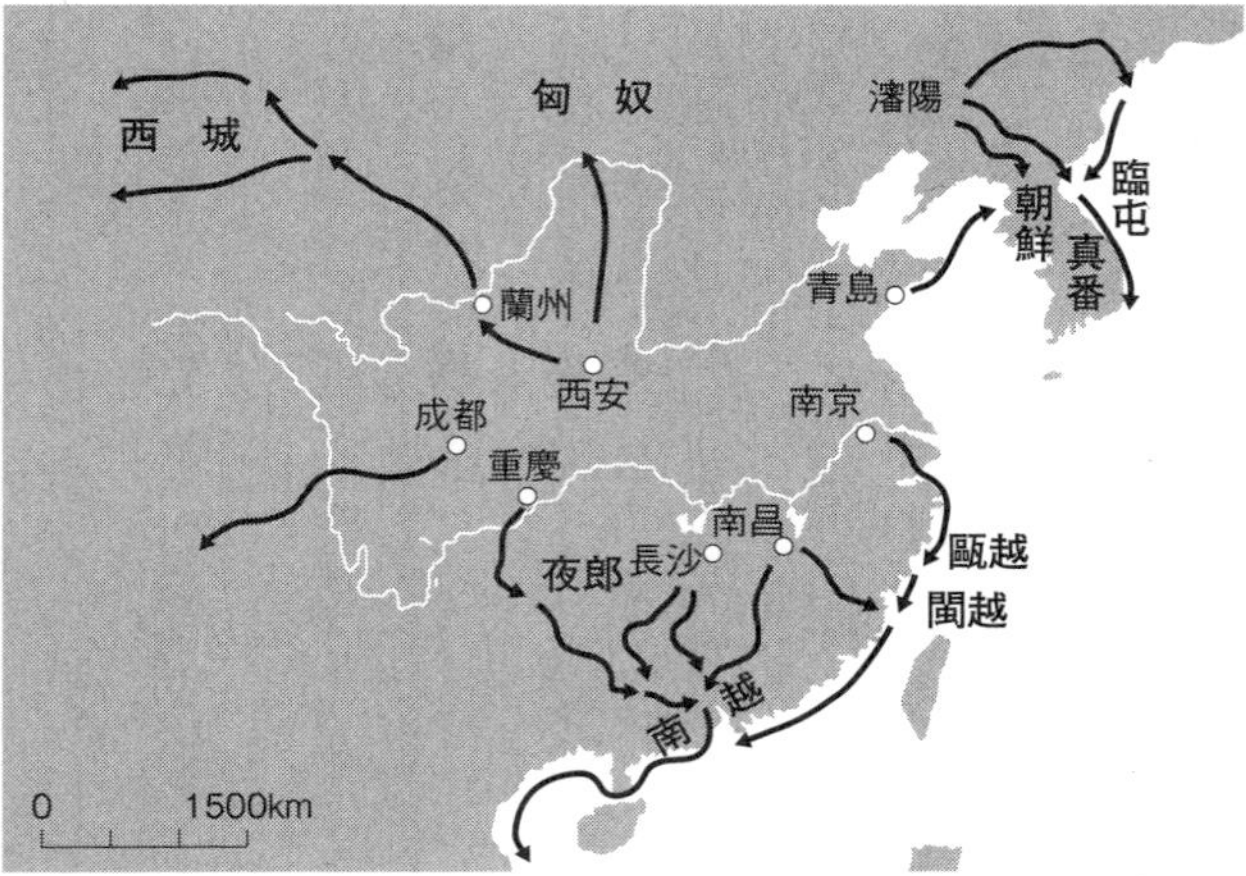

岡田英弘『倭国』（中央公論社刊）より

さめたが、それ以外の東夷方面の経営にも力を入れた。かれの時代に前漢ははじめて、中国東北地方（満州）南部から沿海州の太平洋沿岸にいたる交通路を支配下に組み入れたのである。

武帝がもっとも力を入れたのが、シルクロードの確保である。当時はそこが、最も効率よく交易品を入手できる通商路であった。中国人が西《さい》域《いき》と呼ぶ中央アジア方面を確保するために、武帝は何度も匈奴との戦いを繰り返した。その詳細は次項に記そう。

20 草原の雄、匈奴の全盛

中国を狙う遊牧民たち

中央アジアでは紀元前四世紀頃から、匈奴、烏孫《うそん》、月氏《げっし》などの遊牧民族の活躍が目立つようになった。かれらは馬を乗りこなして、羊の遊牧をしきりに行なったが、やがて遊牧民の一部が商人として東西を往来するようになった。

このような交易活動の中で遊牧民族たちは、豊かで優れた文化をもつ中国の存在を知ることになった。そのため中国の戦国時代にあたる紀元前三世紀頃から遊牧民の集団がしばしば中国の領域に侵入して略奪を行なってきた。

やがてかれらは、

「団結してより強い軍隊をつくり、中国を侵そう」

と考え始めた。そのため中国にもっとも近い匈奴で、単于《ぜんう》と呼ばれる統率者のも

図33　前漢と匈奴

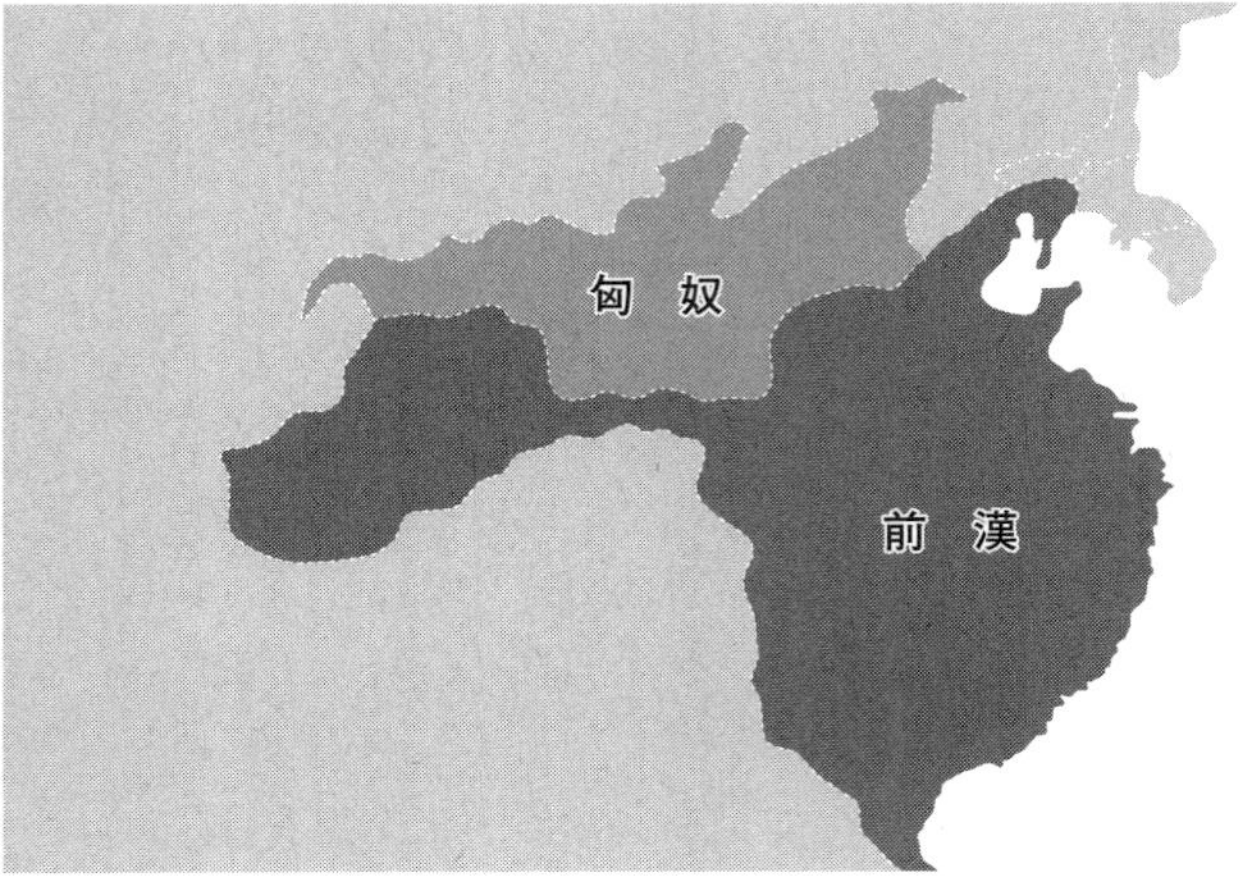

と遊牧国家がつくられた。これは領域の境界が不確かな、人の集まり、つまり部族連合と呼ぶべきものであった。

草原には国境線がなく、単于に従う部族（血の繋がりによって組織された集団）のいるところが匈奴の領域であった。

匈奴は、トルコ系ともモンゴル系ともいわれるが、かれらの詳細な歴史は明らかでない。

中国軍に勝利した匈奴の英雄、冒頓単于

匈奴は秦の始皇帝の攻撃を受けて一時は後退し、長城の北方に追われた。しかし前漢代のはじめに中国の勢力が

衰えると、勢いを盛り返した。

紀元前三世紀の匈奴に、冒頓単于《ぼくとつぜんう》（？—紀元前一七四）という有力な指導者が現われた。紀元前二〇九年にモンゴルの支配を確保したかれは、紀元前二〇〇年の白登山《はくとうざん》の戦いで劉邦《りゅうほう》が率いる前漢の大軍と対決した。

匈奴に囲まれた劉邦は、そのとき不利な条件の和議を受け入れ、匈奴に年々、歳貢《さいぐ》（献上品）を送る約束をさせられた。冒頓単于の時代に匈奴の領域は、天山《てんざん》、タリム盆地（現在の中国の新疆《シンジャン》ウイグル自治区）にまで広がった。

さらに匈奴は紀元前一六二年頃に、西方の大月氏《だいげっし》を破った。

大月氏はトルコ系もしくはイラン系の民族で、もとはモンゴル高原西部、天山、タリム盆地に居住していた。かれらはしだいに匈奴に追われ、アム川流域に移ったあと大月氏国を組織していた。

次項に記すように、前漢の武帝は遥《はる》か西方の大月氏国に使者を送って同盟を結ぼうとした。

21 西のはての大月氏

シルクロードを征圧した前漢の武帝

前漢代の大月氏国は、現在のイランにつらなるパルチア王国と西の境界を接していた（58、59ページ地図参照）。

三国時代の中国では、

「東のはては倭国であり、西のはては大月氏国である」

とする地理感がとられていた。倭国と大月氏国との直接の交渉はないが、邪馬台国時代の日中関係史は大月氏国と深い関係をもっていた（215ページ）。

前漢は武帝の時に紀元前一二七年に匈奴からオルドスの地を取り、そこに朔方《さくほう》、五原《ごげん》の二郡を置いた。このあと武帝は西方経営に力を入れ、匈奴との戦争を繰り返した。

図34　前漢代の西域の国々

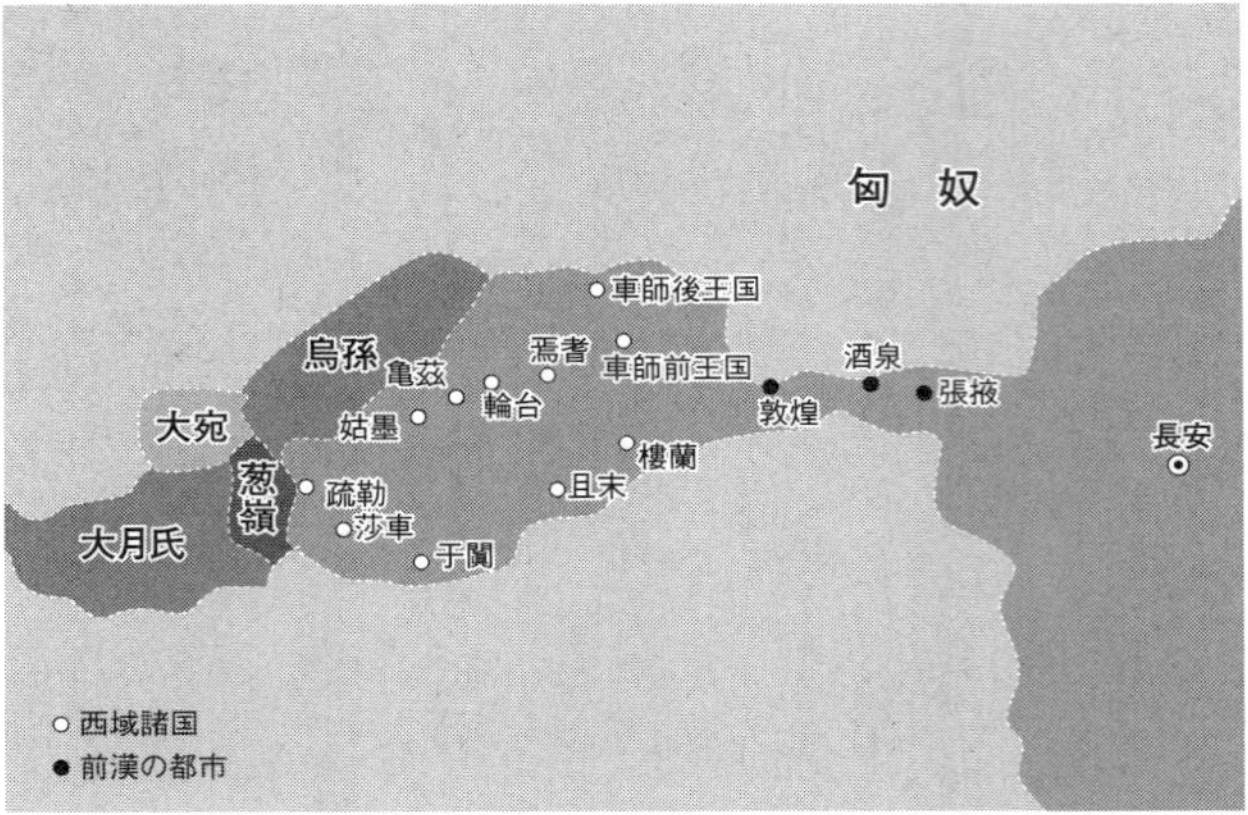

『増補版 標準世界史地図』（吉川弘文館）を参考に作成

紀元前一二四年には前漢の将軍衛青《えいせい》が、匈奴に大勝した。さらに紀元前一二一年には衛青の甥、霍去病《かくきょへい》が匈奴を討って、匈奴の渾邪《こんや》王を前漢に降伏させた。

しかしこの後も長期にわたって匈奴との戦いが続いた。しかし最後には内モンゴルは中国の支配下に入り、西域三六国が前漢に従うことになったのである。

命懸けで武帝の使者を務めた張騫

匈奴との戦いを始める前の紀元前一三九年に武帝は、張騫《ちょうけん》という者を大月氏国に派遣した。匈奴と同じ遊牧民族で強い軍勢をもつ大月氏国と連携して匈奴を東西からはさみ討ちにしようと考えたのである。

匈奴の勢力圏であった砂漠地帯を通行する苦労は、なみたいていではなかった。張騫は二度匈奴に捕らえられ、その度に巧みな策を用いて脱出した。しかし大月氏国は匈奴の威勢を恐れて、動こうとしなかった。

それでも七年間にわたる張騫の旅のおかげで、西域の事情が中国に伝わった。このあと前漢朝は、張騫を大月氏国の手前の烏孫《うそん》への使者として派遣したり、大月氏国の北の大宛《だいえん》に遠征したりした。

おかげでこの後しだいに中国の主導のもとで、シルクロードのオアシスの道を用いた交易が盛んになっていった。

前漢の時代に、中国の勢力圏は大きく拡大した。しかし次項に記すように、後漢の時代になると中国の勢力が低下し、北方の遊牧民族の活躍が再び盛んになる。

22 後漢と匈奴、鮮卑との戦い

分裂する強大な匈奴

前漢朝が衰退したために、紀元八年に王莽《おうもう》が前漢に代わって新朝《しん》を立てた。ところが赤眉《せきび》の乱（一八―二七）という農民の大反乱をきっかけに、地方豪族が一斉に王莽に反抗した。そのため新朝は、二三年に滅んだ。

このあと前漢の帝室の一族である劉秀《りゅうしゅう》（光武帝《こうぶてい》）が、二五年に後漢朝を起こした。光武帝は三七年にようやく中国を再統一したが、長期の戦乱によって中国の人口は大幅に減少していた。

前漢末に六〇〇〇万人近くあった人口が、三七年には一五〇〇万人になっていたという記録もある。前に（26ページ参照）述べたように五七年の奴国の朝貢は、このような光武帝の治世に行なわれたものである。

図35　後漢代前半の人口の増加

年代	人口
三七年	約一五〇〇万人
五七年	約二一〇〇万人
七五年	約三四一二万人
八八年	約四三三五万人
一〇五年	約五三二五万人

岡田英弘『倭国』（中央公論社）より作成。

班超像（カシュガル）

後漢朝が儒教政治を唱えて内政に力を入れたおかげで、七五年には中国の人口は三四〇〇万人余りにまで増加した。そのため後漢は、七〇年代から班超《はんちょう》という優れた将軍の指導のもとで、積極的に中央アジア経営に着手した。

これ以前に匈奴は、大きく勢力を後退させていた。匈奴は前漢代末の紀元前五四年に、東匈奴と西匈奴に分裂した。西匈奴は、紀元前三六年に滅亡した。

さらに東匈奴は四八年に北匈奴と南匈奴に分かれた。このあと北匈奴は、西方に移住し、フン族となって

図36　匈奴の後退

ヨーロッパに侵入したともいわれる。フィンランド人を、フン族の子孫とする説もある。

南匈奴はこの後後漢に従い、かれらの一部は長城附近で農耕生活に入った。かつて前漢朝を悩ませた匈奴は、班超の時代には中国人の脅威ではなかったのだ。

新たな敵、鮮卑の登場

班超の兄は、『漢書』をまとめた優れた文人、班固《はんこ》である。班超は七三年に反抗した匈奴（南匈奴）を討ったのを手始めに、三一年間にわたって後漢の西域経営を指導

図37　班超が臣従させた西域諸国

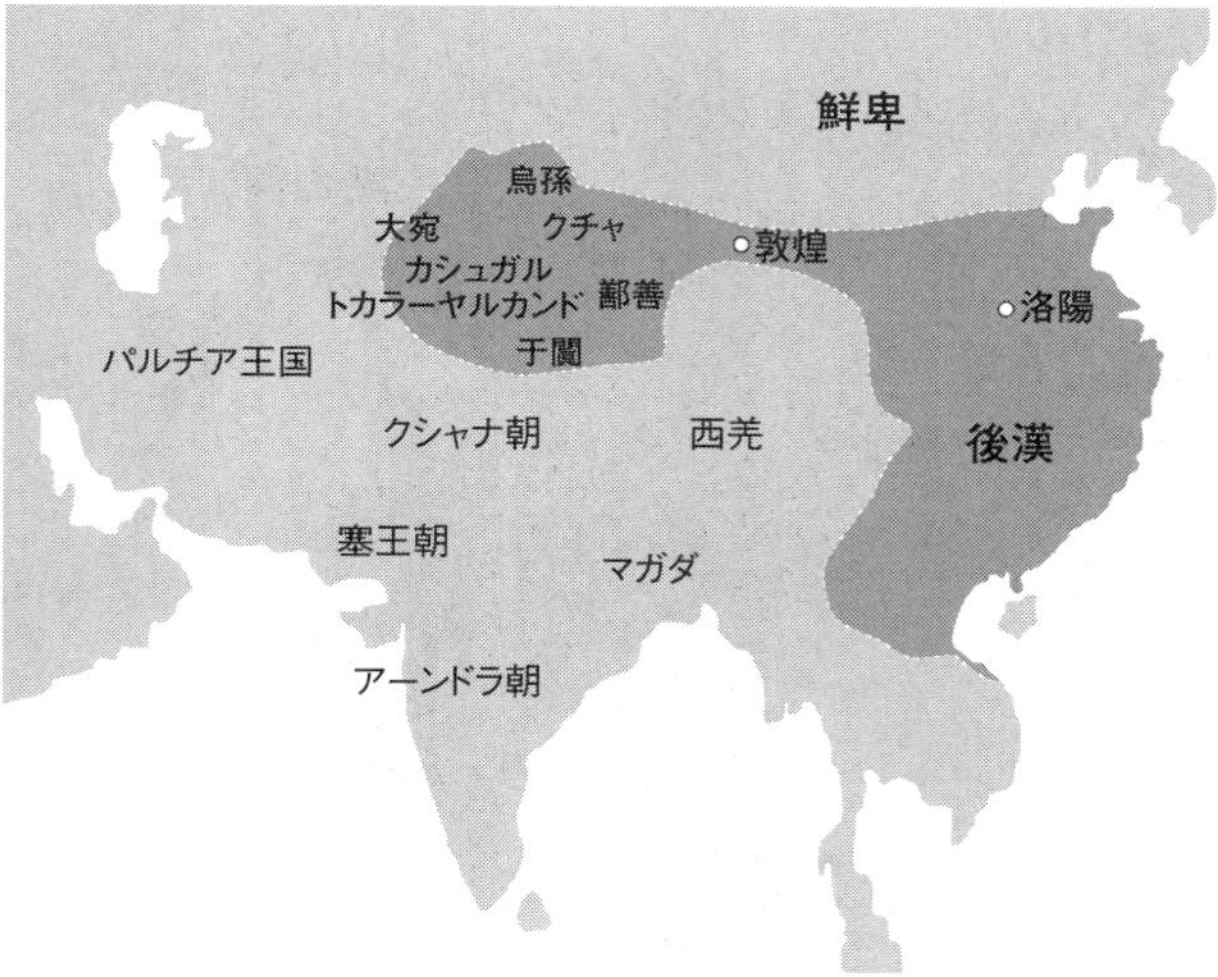

した。かれは匈奴との戦いのあとでオアシスにある都市国家、鄯善《ぜんぜん》への使者を務め、そこを後漢に従わせた。この出立のときにかれは、「虎穴に入《い》らずんば虎子《こじ》を得ず」の名言を残している。

このあと班超は、于闐《うてん》、亀茲《きじ》などの西域の国々を従えシルクロードを後漢の勢力圏にした。さらにかれは部下の甘英《かんえい》を、大秦国《だいしんこく》（ローマ帝国）に派遣して、ローマとの国交を開こうとした。

一六六年には大秦王安敦《あんとん》の使者が海路で、ベトナム中部にあった中国領の日南郡《にちなんぐん》を訪れた。安敦は

図38　2世紀中頃の鮮卑と後漢

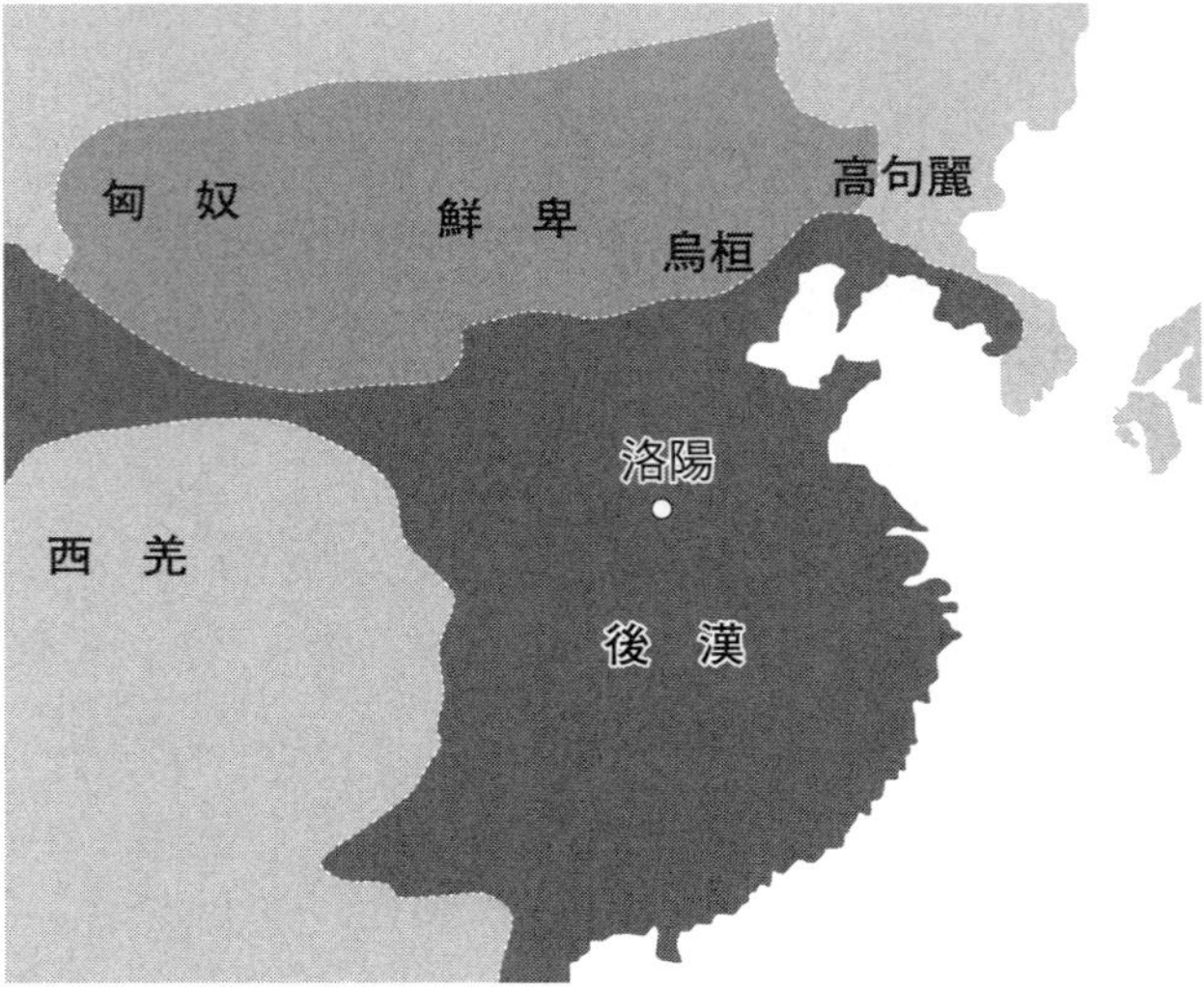

五賢帝の一人とされるローマの有力な皇帝マルクス・アウレリウス・アントニヌスのことである。

班超の時代に中央アジア方面の後漢の勢力は大きく拡大したが、一五六年には鮮卑という遊牧民族がモンゴル高原を統一した。このあと鮮卑《せんぴ》は強大化して、しばしば後漢の領域に侵入した。

匈奴の反乱も、治まらなかった。北方の遊牧民の活動に悩まされる中で、後漢朝は終末を迎えるのである。

23 後漢から三国時代へ

後漢末の群雄割拠の起こり

邪馬台国時代の日本の歴史は、同時代の中国の政争と深く関わる形でつくられてきた。その詳細は五章で詳しく説明するが、ここでは中国の後漢代後半から西晋朝の成立までの流れを簡単に記しておこう。

後漢代なかばに皇帝支配が安定すると、外戚《がいせき》や宦官《かんがん》が皇帝をさしおいて政争を繰り返し、国政を乱すようになった。皇帝の母や后の一族が外戚であり、后に仕える近臣が宦官である。

日本に宦官に相当する役目はないが、中国では宦官の集団が皇帝や后の権威を借りて専横を極める事態が何度もあった。後漢代の政治の混乱は、八八年の竇《とう》憲の登場に始まった。このあと外戚と宦官が交互に政権を握った。

図39 外戚と宦官の抗争

時期	出来事	年
	外戚の竇憲、専横を極める	88年
外戚の登場		
	竇憲、誅殺され 宦官の政治介入が始まる	92年
宦官の台頭	(外戚の鄧氏の活躍) ◆順帝を即位させる	125年
	外戚の梁冀、大将軍となり 権力を握る	144年
外戚の復権	◆質帝を殺す	146年
	梁冀、誅殺され 宦官単超ら列侯となる	159年
宦官の最盛期	◆第一次党錮事件	166年
	(外戚の竇武の活躍) ◆第二次党錮事件	169年
	黄巾の乱起こる	184年

前（29ページ）に記した倭王帥升《すいしょう》の朝貢は、外戚の鄧氏の勢力拡大の過程でなされたものである。国政の乱れは、立場の弱い農民を大いに苦しめた。そのため一八四年に、黄巾《こうきん》の乱と呼ばれる大掛かりな農民反乱が起きた。

この乱は官軍に征圧されたが、それからまもなく外戚の何進《かしん》が権力を握り有力者の反感をかった。そして何進が暗殺されたあと、董卓《とうたく》という将軍が武力で都を征圧した。

これに対して各地の有力者が反発して自立し、中国は軍閥が群雄割拠する事態に陥った。袁紹《えんしょう》、曹操《そうそう》、孫堅《そんけん》（129ページ）などの将軍が各々の領地で自治政権をつくり、競い合ったのである。

群雄割拠から三国の抗争の時代に

中央では董卓が滅び、王允《おういん》政権、李傕《りかく》・郭汜《かくし》連合政権を経て、曹操《そうそう》が洛陽《らくよう》の都を征圧した。曹操は「乱世の奸雄《かんゆう》」と呼ばれた策士で、皇帝をさし置いて国政を専断し、各地の軍閥を次々に倒していった。

群雄割拠の当初には、名門出身の袁紹が最も有力であった。ところが曹操は二〇

図40　190年代はじめの中国の群雄割拠

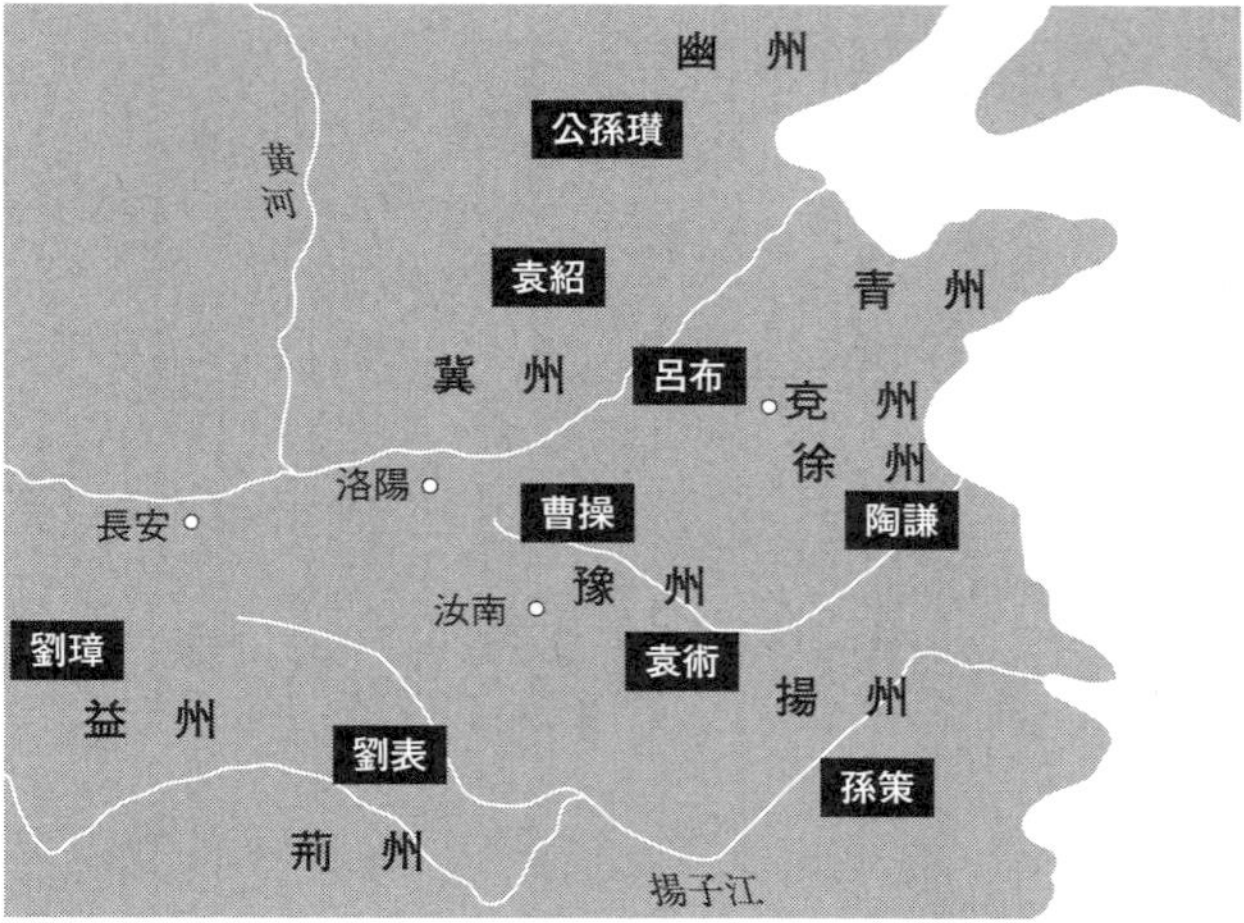

○年の官渡《かんと》の戦いで自軍の十倍の兵力を持つ袁紹軍を破り、天下征覇をほぼ確実にした。

最終的にこの曹操と対抗したのが、孫堅の子で兄孫策の後を嗣いだ孫権《そんけん》と、漢の帝室の血をひく劉備《りゅうび》であった。孫権は長江に守られた要害の地であった江南で自立し、劉備はあちこち放浪した末に益州《えきしゅう》の刺《し》史《し》、劉璋《りゅうしょう》を破り、山深い益州を自領にした。

しかし当時の多くの人は、洛陽に拠る曹操を正統の政権として扱い、孫権や劉備を地方政権として扱った。二二〇年に曹操の子の曹丕《そうひ》が、後漢最後の皇帝である献帝《けんてい》を退位させて魏朝の皇帝となった。

これに対抗して劉備が二二一年に蜀の皇帝、孫権が二二二年に実質的に自立し、二二九年呉の皇帝と称した。魏、呉、蜀の三国が抗争する三国時代の開始である。このあと魏では皇帝の権威が低下していき、曹真《そうしん》、曹爽《そうそう》の父子と司馬懿《しばい》の抗争が行なわれた。

その争いに勝った司馬氏が、三国を統一して西晋朝を立てる。五章に詳しく記すように、中国では西晋朝の時代まで倭国を重んじる外交策がとられてきた。

24 北方の民族に強硬策をとった曹操

中国の内乱が異民族の侵入を招いた

三国の動乱の間に、中国の人口は激減した。後漢時代後半の人口は五〇〇〇万人前後であった。ところが、信じられないような話だが、三国時代末に中国の人口は約五〇〇万人になっていた。

これは中国の戦争は敵側の庶民を殺戮《さつりく》し、多数の無関係の人びとから容赦なく略奪するものだったためである。そして戦乱で農村が荒廃すると、多くの餓死者が出る。

人口減少で中国が弱体化すると、各地の異民族が中国領を侵しはじめた。それと共にいったん中国に従った異民族も、政権に反抗を始めた。

この時代の中国のもっとも有力な外敵が、北方の鮮卑であった。

討伐策と懐柔策で異民族を鎮めた魏

曹操は、

「北方の騎馬民族は武力で征圧せねばならない」

と考えた。前漢代から後漢代にかけて、中国皇帝とかれらの和約が何度も結ばれた。しかし中国人が、平和が訪れたと安心していると、騎馬民族は約束を破って略奪を始める。この繰り返しである。

曹操はまず南匈奴の分断策をとった。南匈奴全体の指導者である単于を、抑留して部族から切り離したのである。

そうすると匈奴はまとまりを欠き、内部の抗争を起こして、五つの部族連合に分裂して弱体化した。

南匈奴の東北を勢力圏とする烏丸《うがん》（烏桓）は、袁紹《えんしょう》と結んで曹操と対立してきた。そこで曹操は袁紹を倒したのちに、自ら烏丸遠征を敢行した。

これによって蹋頓《とうとん》が率いる烏丸は壊滅した。鮮卑の君主の軻比能《かひの》は曹氏を嫌い何度にもわたる曹操の誘いを受けても中国に朝貢しなかった。

図41　後漢代末の中国を脅かした異民族

軻比能は曹操の没後に、蜀の諸《しょ》葛亮《かつりょう》（孔明《こうめい》）と呼応して魏領に侵入した。これに対して魏は軻比能を暗殺する策をとった。しかし鮮《せん》卑《ぴ》はこの後も、北方の大勢力として魏朝を脅かし続けた。

曹氏は武力で抵抗する北方の騎馬民族に強硬策をとったが、平和な通商を求める西方のクシャーナ朝（大月氏国）や、東方の倭国には懐柔策を用いた。その詳細は、五章（215ページ）に詳しく記すことにして、次項では呉の異民族に対する外交策をみておこう。

25 南方の異民族を討って勢力を拡大した孫策、孫権兄弟

何度にもわたって山越討伐をした孫氏

有力な軍閥であった孫堅が戦死した後、かれの子の孫策は苦労して江南を征圧し自立した。孫策は志半ばで暗殺され弟の孫権が後を嗣いだが、孫権の勢力は曹操に遠く及ばなかった。人口だけでは魏の人口が二五〇万人で、呉の人口が一五〇万人程度と推測される。人口からいえば、魏と呉の国力の差は一〇対六ぐらいになる。

ところがこの時代の呉の領域には純粋の中国人は少なく、呉は国内に勝手な動きをとる多くの異民族を抱えていた。そのため孫氏は、自分たちの手足となって働く兵士を十分に得られなかった。

そのためかれらは異民族の討伐と、その中国人化に力を入れた。呉に山越《さんえつ》と呼ばれる、山岳地帯に居住する非服従民がかなりいた。かれらの一部が、孫氏と対立す

図42　三国時代の独立政権とそれを後援した異民族

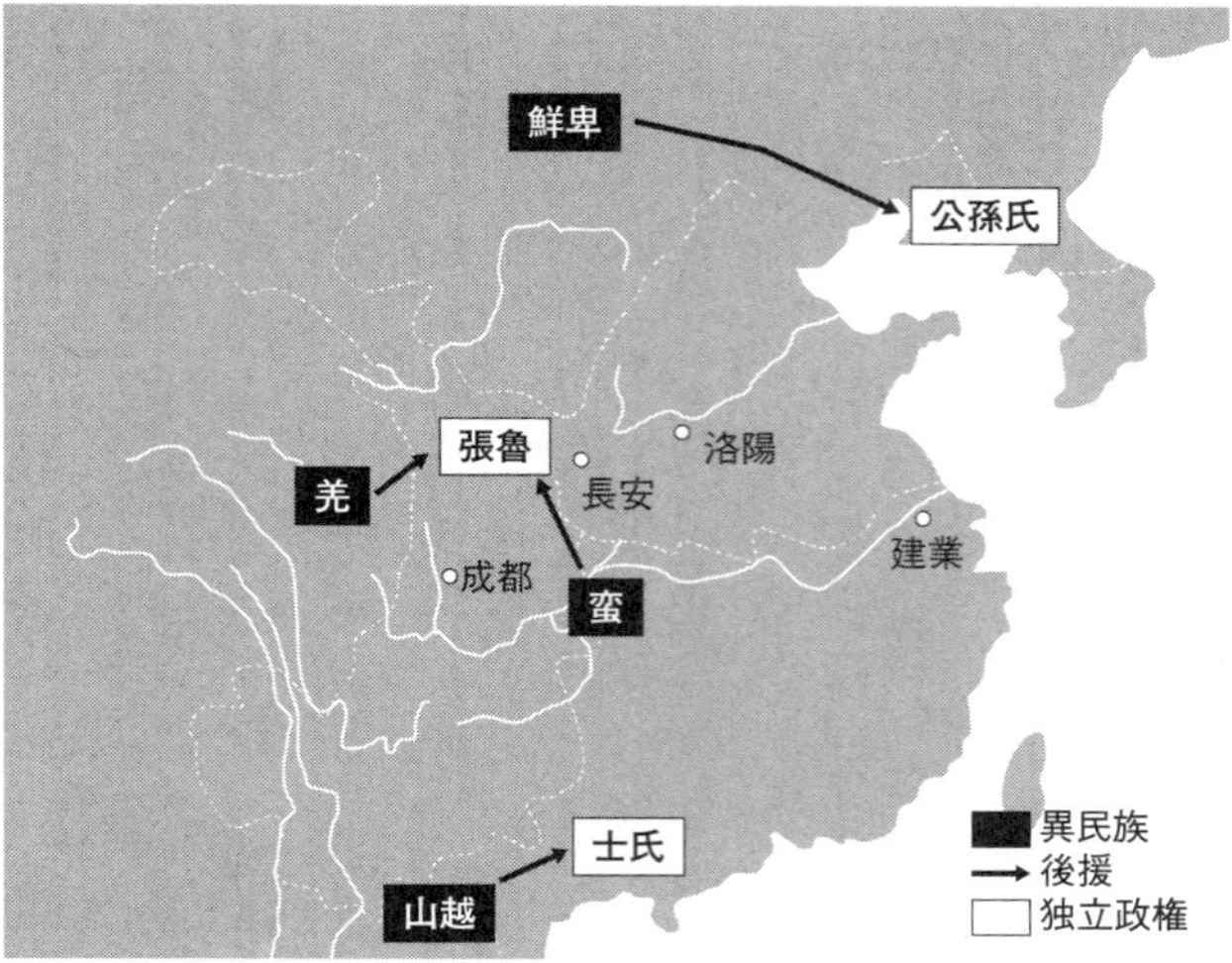

る南方の士氏《しし》という軍閥を後援したこともあった。

この山越の討伐は、孫策の次の代に始められた。そして孫策の次の孫権の代になって、将軍の陸遜《りくそん》が山越の主力を破り、かれらを農民や兵隊に組織するのに成功した。

しかし多くの部族に分かれ、山地に居住する山越をすべて従えるのは容易でない。そのためこの後、呉朝の滅亡まで幾度も、山越遠征が繰り返された。

海上に進出して倭国を窺う孫氏

呉にとって、魏の南進は大きな

脅威であり続けた。二〇八年に曹操は一〇〇万の大軍を南下させて孫権を攻めたが、孫権は赤壁《せきへき》の戦いで火計を用いて自軍に十倍する曹操の軍勢を破った。

しかしその戦いに敗れていたら、孫氏政権は曹氏政権に併合されて姿を消してしまったろう。

二一三年にも孫権は濡須口《じゅしゅこう》で、長江征圧を目指す曹操の水軍を辛くも破っている。このような危機は、この後も呉に何度も訪れた。そのために孫氏は、貿易によって国を富ませ魏に対抗しようと考えて東の海上に進出した。かれらは、

「東方に倭国という優れた文化をもつ国がある」

という伝説を信じたのだ。

二三〇年には孫権の命を受けた衛温《えいおん》と諸葛直《しょかつちょく》が、一万人の軍勢を率いて夷州《いしゅう》と亶州《たんしゅう》を探検した。しかし二人は、目指す島を見付けられなかったとある。

ここの夷州は台湾で、亶州は種子島もしくは琉球をさすとみられている。呉はこの後も、北方の公孫《こうそん》氏と交渉をもち（177ページ）、さらに東方の倭国と連携して魏と対抗する策を模索し続けた。

次項では蜀と異民族の関係と、蜀の動きが魏の外交策に与えた影響をみていこう。

26 西方の民族と親密だった蜀

異民族の懐柔をすすめる蜀

ここでは、蜀と西方の異民族との関係を説明しよう。蜀は日本から遠く離れているが、第五章（１９６ページ）に記すように西方における魏と蜀の対立が、倭国に大きな影響を与えたのである。

蜀は弱小であったために、周囲の異民族と協調していかねばならなかった。前漢の武帝は、四方の異民族を片端から武力で従える（20ページ）力をもっていた。しかし、一度にすべての異民族を敵にまわすと、蜀は滅んでしまう。

劉備が蜀の中心である成都《せいと》を征圧し蜀の大半を手中におさめたときに、蜀の中の漢中だけは張魯《ちょうろ》という軍閥のもとで劉備から自立していた。張魯は異民族の羌《きょう》と蛮《ばん》の後援を受けて、自立を保っていた。

　このあと曹操が張魯を従え、劉備が軍の主力を投入して漢中を奪う。このような経緯を経て蜀の近くを勢力圏とする羌と蛮は、劉備の味方に付いた。優れた文化をもつ中国との交易が、異民族に大きな利益をもたらしたためである。

諸葛亮は勇敢な異民族の軍勢を用いて魏を攻めた

　劉備の配下に、諸葛亮という天才肌の軍師がいた。かれは異民族の力を用いて、劉氏の軍勢を強化する策をとった。

　劉備の没後に諸葛亮は、何度も北伐を行ない、中国の要地である長安を征圧しようともくろんだ。この北伐の直前にかれは南方の異民族の君主、孟獲《もうかく》を従え勁卒《けいそつ》、青羌《せいきょう》などの異民族の軍隊を組織した。

　異民族の軍隊は、飛軍《ひぐん》と呼ばれた。二二八年の街亭《がいてい》の戦いで蜀軍が司馬懿に敗れたとき、飛軍は最後まで踏み止まって勇敢に戦った。

　諸葛亮が病死したのちに、蜀軍はしだいに不利になっていく。それでも諸葛亮のあと蜀軍を率いた姜維《きょうい》は、氐《てい》、羌、涼州胡《りょうしゅうこ》などの異民族を自軍に引き込み必死で魏に対抗した。

図43　蜀を支えた異民族

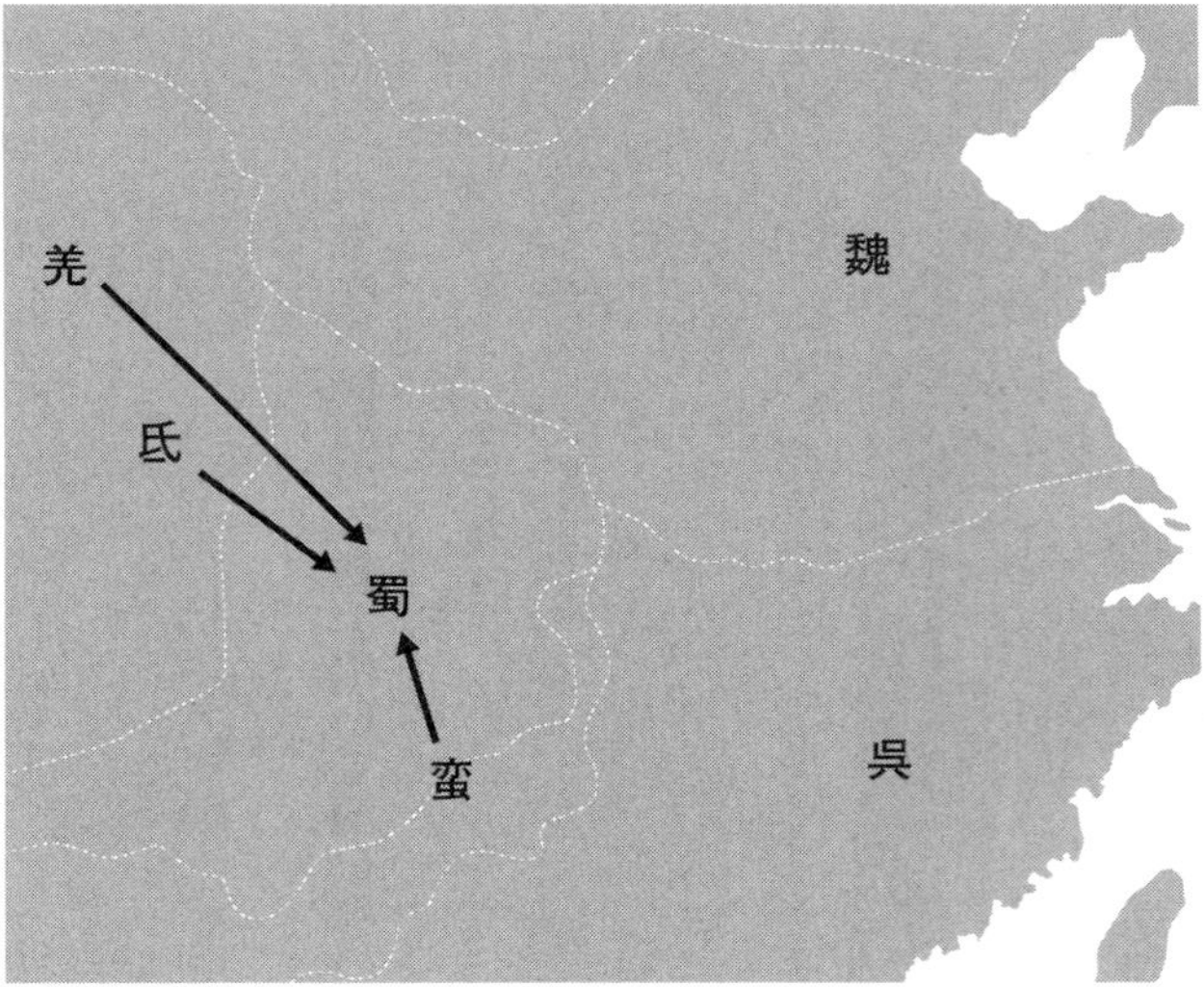

『増補版 標準世界史地図』（吉川弘文館）を参考に作成

諸葛亮の北伐は、最初は曹《そう》真《しん》に、曹真の病没後は司馬懿に阻まれた。この曹真と司馬懿は、邪馬台国と重要な関連をもつ人物であった（２０４ページ参照）。

三国の動乱のあと司馬氏が立てた西晋が中国を統一するが、次項では西晋と異民族の関係を説明しよう。

27 異民族の圧力で滅んだ西晋朝

司馬氏が国を奪う

司馬懿は二四九年に曹爽を倒し、権力を一手に握った。かれは軍事に関する権限を独占し、反対者を片端から宮廷から追った。

司馬懿

司馬懿のあとをかれの子の司馬師《しばし》が嗣ぎ、その次に司馬師の弟の司馬昭《しばしょう》が権力を握った。この司馬昭は、二六三年に蜀を降伏させた。さらにこの翌々年に司馬炎《しばえん》が父の司馬昭のあとを嗣いだ。

これ以前から魏の皇帝はただの飾り

図44　晋による中国統一

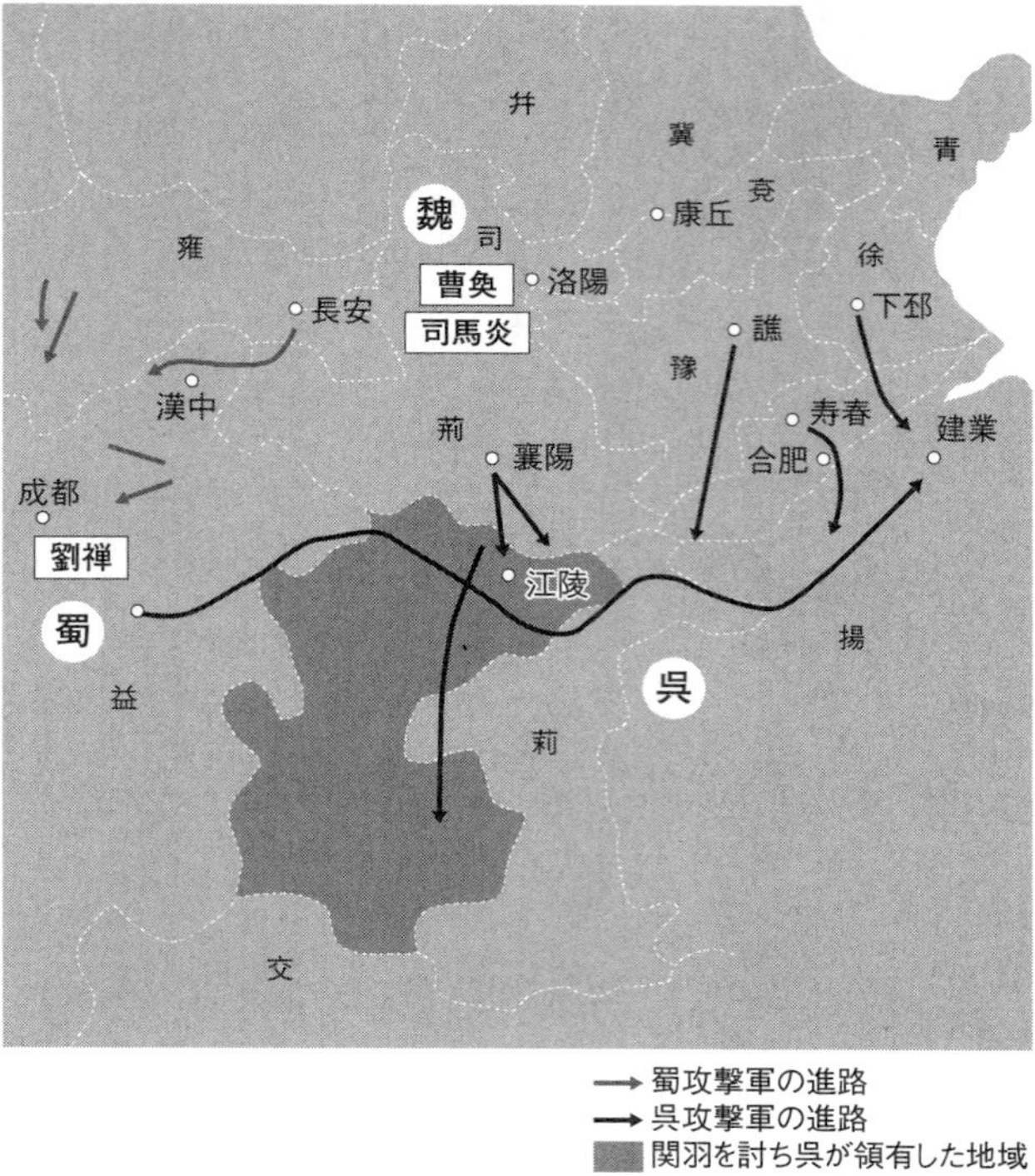

ものになり、晋王となっていた司馬昭がすべてを専断していた。司馬炎は晋王の地位に就くとすぐさま、軍勢を率いて宮廷に乗り込んだ。かれは皇帝に退位を迫り、新たに西晋朝を立てた。さらに武帝（司馬炎）は二八〇年に呉を屈伏させて、中国を統一した。

三国の抗争はようやく終結したが、西晋朝の宮廷は腐敗しきっていた。有力な知識人たちが独裁をとる司馬氏を恐れ、宮廷で出世するみちを放棄してしまったためである。

阮籍《げんせき》らの「竹林《ちくりん》の七賢《しちけん》」は、その代表的な人びとである。かれらは少数の仲間で集まって酒を飲み、清談《せいだん》という意味のない論議に耽《ふけ》って日を送った。

あいつぐ西晋への異民族の侵入

人口が後漢代の一〇分の一に減り（126ページ参照）、中国の国力は大きく低下していた。しかし西晋朝には、これを立て直せるだけの人材はいなかった。

そういった中で、八王族の反乱（八王の乱、三〇〇―三〇六年）という長期の内乱が起こった。このような西晋の指導力の後退は、五胡《ごこ》と呼ばれる異民族の侵入や独

図45　五胡の進入

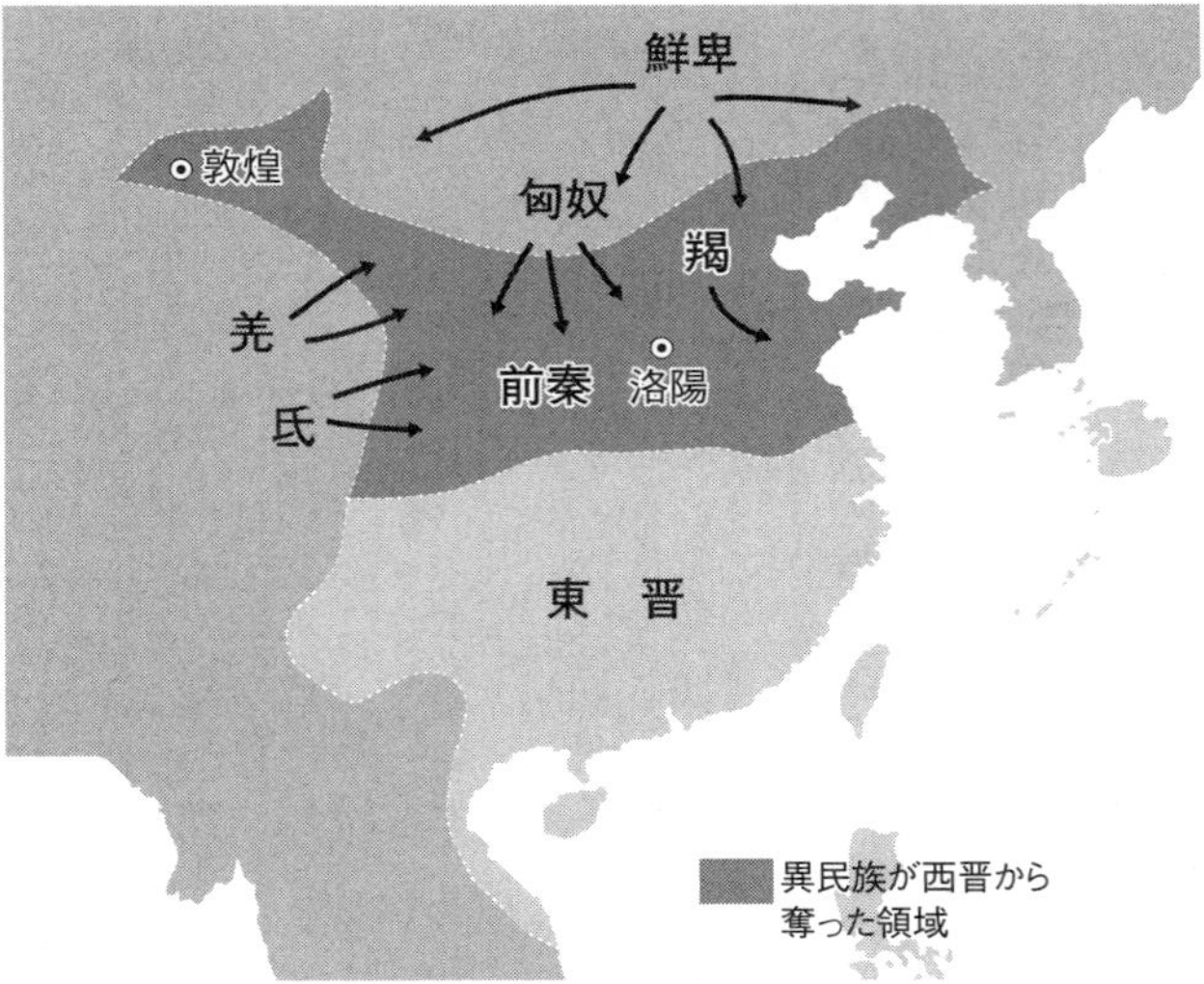

立を許した。異民族の軍勢が起こした国内の混乱の中で、西晋は三一六年に匈奴の劉曜《りゅうよう》に滅ぼされた。

この三年後に劉曜は後《ご》趙《ちょう》を立てて、帝位に就いた。これに続いて中国北部では五胡の首長が十六国と呼ばれる多くの国を起こして抗争を繰り返した。

中国南部では、西晋の帝室の流れをひく司馬睿《えい》が三一七年に東晋朝をひらいた。このあと南方で、宋（劉宋）、済《せい》（南済）、梁《りょう》、陳《ちん》の王朝がつぎつぎに交替して国を治めた。異民族の北朝と、中国民族の南朝とがならぶ、南北朝時代である。

中国が南北朝の混乱で後退している間に、朝鮮半島では百済《くだら》、新羅《しらぎ》が起こり日本の大和朝廷が大きく発展した。次章ではこのような中国の歴史を踏まえて、日本以外の東夷《とうい》と呼ばれた諸国をみていこう。

コラム　冊封の形をとる中国皇帝と異民族の君主との主従関係

中国の皇帝が定めた「冊封《さくほう》」にもとづく秩序が、近代以前の東アジアの国際関係のあり方を規定していた。冊封とは、

「中国皇帝は、すべての世界の統治者でなければならない」

という考えによってつくられた制度である。中国の皇帝は古くから、すべての異民族の君主を自分の臣下と考えてきた。そのためかれらは、異民族の君主に、王、公、侯などの爵位と官職を授けた。

皇帝が、官職と爵位（官爵《かんしゃく》）を与えることを、冊封という。冊封を受けた異民族の君主は定期的に朝貢（皇帝に捧げ物をすること）を行なう義務を負った。そしてその代わりに皇帝から下賜品《かしひん》を与えられ、必要なときには軍事的援助を受けた。

この冊封の考えから、強大なローマ皇帝であっても、中国では皇帝の下の大秦王とされたのである。

第四章 東夷と呼ばれた国々

28 中国支配以前の中国東北地方、沿海地方、朝鮮半島

多様な民族が割拠した東の外れ

中国人は、中国の東方の国々をまとめて「東夷《とうい》」と呼んでいた。中国東北地方、沿海地方、朝鮮半島と日本列島を合わせた範囲が、中国からみた東夷であった。日本列島だけは、大陸から離れた島国で独自の歴史を辿《たど》った。これに対して「日本以外の東夷」と呼ぶべき地の諸民族は、互いに深く関わり合っていた。

この地域には、北、南、東からさまざまな人間が移住してきた。それと共に各地域の多様な文化がそこに入りこみ、複雑に混じり合った。

そのため中国東北地方、沿海地方、朝鮮半島に、異なる文化をもついくつもの民族が割拠することになった。

中国の春秋時代にあたる紀元前七世紀から六世紀の、この地域の民族分布を推測

図46　紀元前7世紀〜紀元前6世紀の東夷

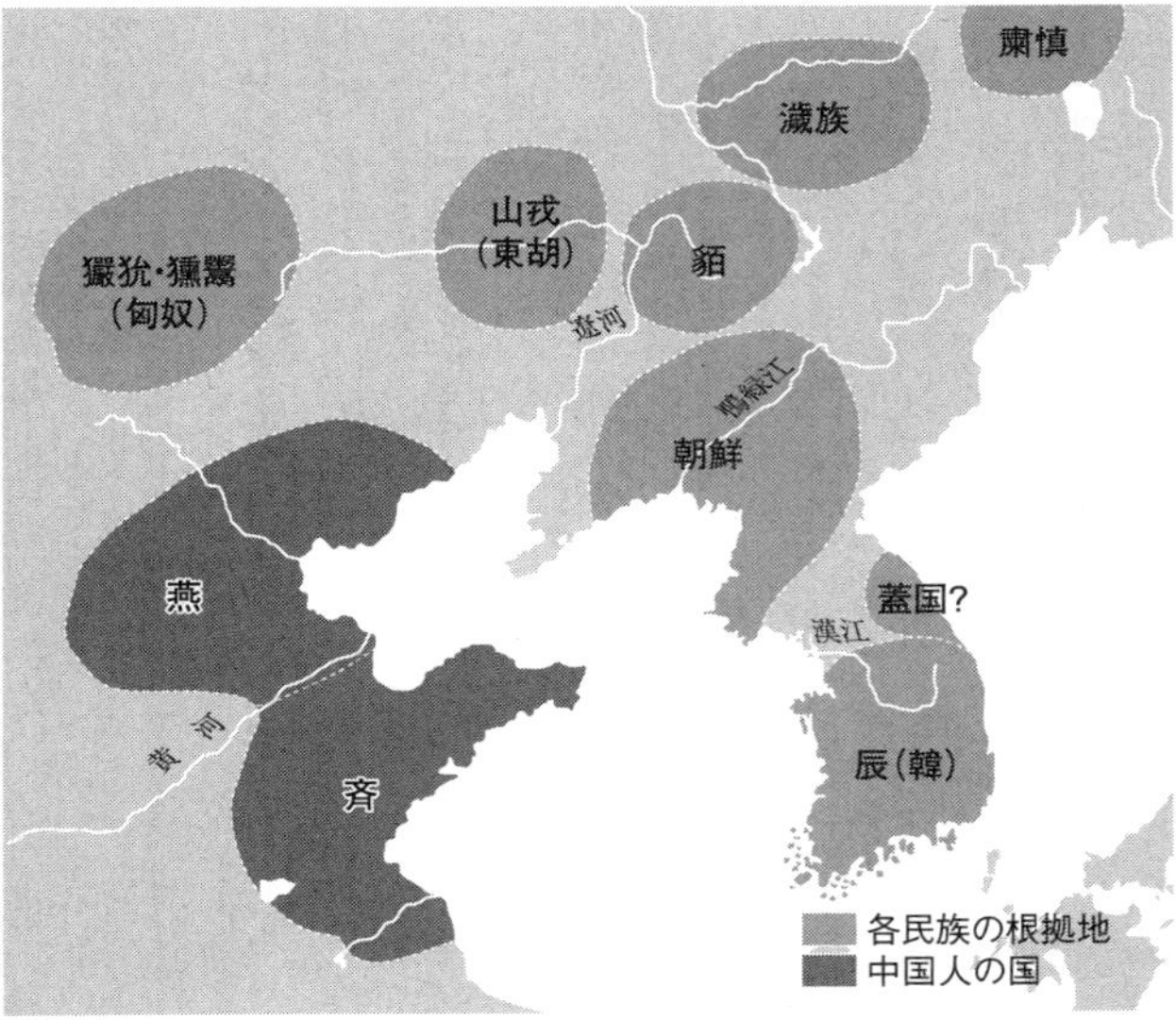

『韓国歴史地図』（平凡社）を参考に作成

した一つの図（143ページ）がある。この図に出てくる粛慎《しゆくしん》、濊《わい》族などの個々の民族はその勢力圏を拡大しようと、つねに他民族と争っていた。

騎馬民族系文化とツングース系文化が混在した世界

東夷の民族の由来は、さまざまであった。紀元前七世紀という古い時代のことは明らかでないが、『三国志』東夷伝には、東夷の国々の文化が記されている。『三国志』東夷伝の国々が、ツングース系の文化をもつもの、騎馬民族系の文化のもの、南方系の文化をとるものの三者に分かれていたことがわかる。

挹婁《ゆうろう》にみられるツングース系の文化はシベリアの海岸部を南下してきた北方系の文化である。これに対して扶余《ふよ》、高句麗《こうくり》など多くの国にみられる騎馬民族系文化は、中央アジアの草原地帯から東方に広がってきたと考えられる。

東夷の北部には、古くからツングース系の文化をもつ人びとが居住していたと考えてよい。そこに西方から騎馬民族が入り込み、『三国志』の時代にあたる三世紀には、朝鮮半島北部の濊《わい》まで拡大してきたのである。

のちに百済、新羅、日本も騎馬民族の文化の一部を受け入れた。騎馬民族は、ア

図47　3世紀、東夷の文化の分布

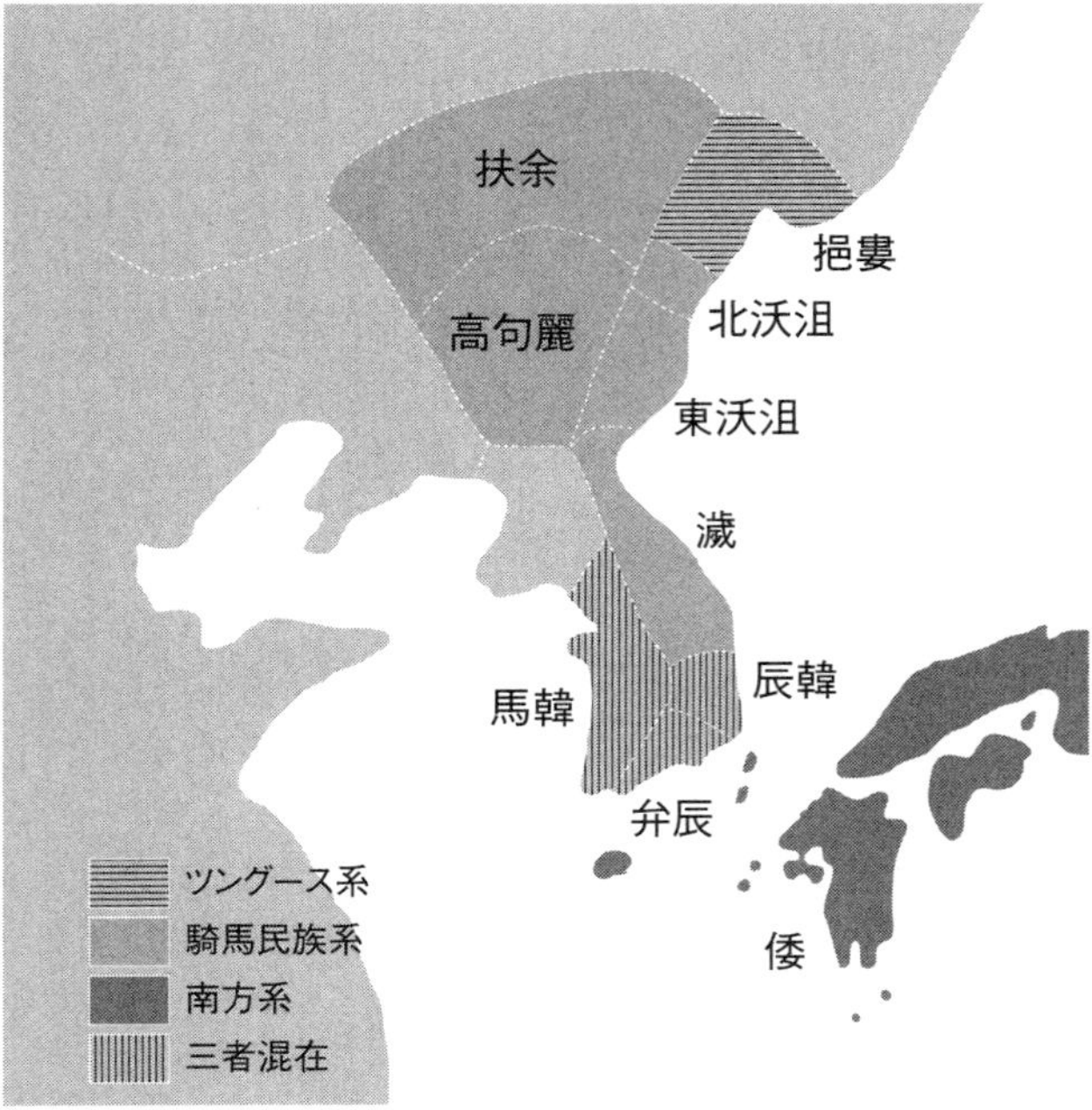

ジア各地に大きな影響を与えた。

しかし大陸から離れた日本では、古くから受けつがれた南方系の文化が根強く残ったのである。

次項から、朝鮮半島の歴史の大筋をみていこう。

29 中国系の衛氏朝鮮の成立

朝鮮半島に東進する中国勢力

古い時代の朝鮮半島の歴史は、明らかでない。確実なのは、紀元前一九五年頃の衛氏《えいし》朝鮮の成立以後のことだけである。

古い時代に中国人は朝鮮半島北部を朝鮮と呼び、朝鮮半島南端を「辰《しん》」や「三韓」と名付けていた。「韓」の名称は、邪馬台国時代まで使われた。韓と呼ばれた人と朝鮮と呼ばれた人が、同一の民族か、多少異なる民族であったかは解明されていない。

戦国時代になると、中国人の勢力が遼東半島から朝鮮半島北部にかけて広まってきた。戦国時代は、「戦国の七雄」と呼ばれる国々が並び立っていた時代である。

戦国の七雄の中に、渤海湾《ぼっかいわん》沿岸の平野部（現在の天津《てんしん》のあたり）に拠る燕《えん》があった。『史記《しき》』という中国の歴史書は、この燕の勢力が朝鮮（朝鮮半島北部）から、朝鮮半島南部の真番《しんばん》へと浸透していたと記している。

朝鮮半島ではこの頃から海路を用いた中国人の商人の活躍が始まったのであろう。紀元前二二一年に秦朝が中国を統一すると、朝鮮王の否《ぷ》（箕否）が使者を送り、秦朝に従った。この否は、衛氏朝鮮の前に朝鮮を治めたと伝えられる箕氏《きし》朝鮮の王だと考えられている。

衛氏朝鮮の前に中国の殷《いん》朝の王家出身者が立てたといわれる箕氏朝鮮が存在したことは確かである。しかし箕氏朝鮮に関する確実な文献はほとんどない。

燕人衛満、朝鮮を征す

紀元前二〇二年に、秦が滅んで前漢が立った。このあと、前漢の初代皇帝の高祖（劉邦）は、自分の同郷人である盧綰《ろわん》という者を燕王に任命して燕の地を治めさせた。ところがその七年後の紀元前一九五年に、盧綰が代王《だいおう》の反乱に加担した。そのため盧綰は高祖の軍隊の討伐を受けて国を追われた。このとき盧綰は、匈奴の地に逃れた。

図48　箕氏朝鮮

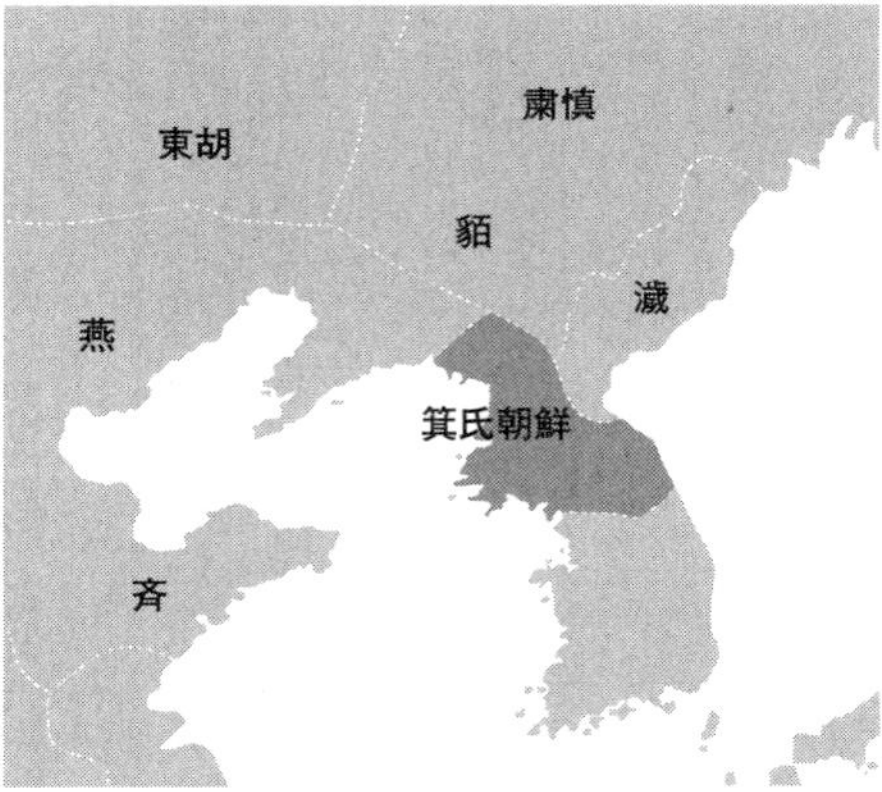

図49　衛氏朝鮮

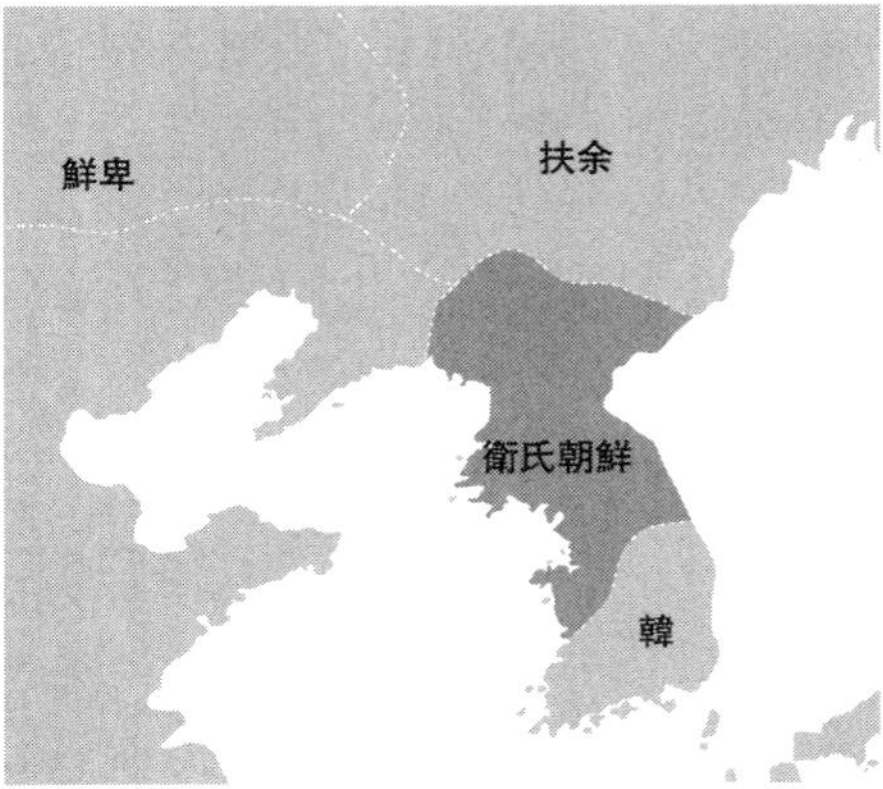

盧綰の部下であった衛満《えいまん》という者は、一〇〇〇人余りの兵士と共に朝鮮風の服を着て箕氏朝鮮に亡命した。かれらは朝鮮王否の子の箕準《きじゅん》に仕えたが、まもなく準を追放して自ら王になった。これは、紀元前一九五年のうちに起こったことだとみられる。

前漢からみれば、衛満は謀反人の一味であった。しかし戦乱をおさめたばかりの前漢には、朝鮮に出兵するゆとりはなかった。

そのため前漢の遼東郡の大守は、衛満を前漢の外臣として国境外に住む中国人を統制させることにした。この衛氏朝鮮の成立によって、朝鮮半島北部における中国商人の活躍が盛んになっていった。次項にも衛氏朝鮮の時代の、中国系朝鮮人の動きを記そう。

30

衛氏朝鮮の発展

中国文化が急速に浸透する朝鮮半島

秦代の朝鮮半島にすでに、上鄣《じょうたん》、下鄣《かたん》という二つの関所が置かれていた。中国に近い上鄣は開城《かいじょう》の近くに、下鄣は聞慶《ぶんけい》のあたりにあったと推測できる。

関所には、秦の役人がおかれていた。戦国時代に燕の国やその南の斉の国から移住してきた中国人は、関所の周囲に町をつくって住み着いていたとみられる。

中国人との貿易を通じて、朝鮮や真番のかなりの数の住民が中国文化を学んで中国化しつつあったと考えてよい。そのため中国人や中国化した朝鮮半島の住民は、衛満の軍勢を迎えたことをきっかけに、団結して衛氏朝鮮という新たな国を興したのである。

前漢朝は衛氏朝鮮に武器を供給して、貿易の管理を委ねた。そしてその代償に、

図50　古代朝鮮史の年表

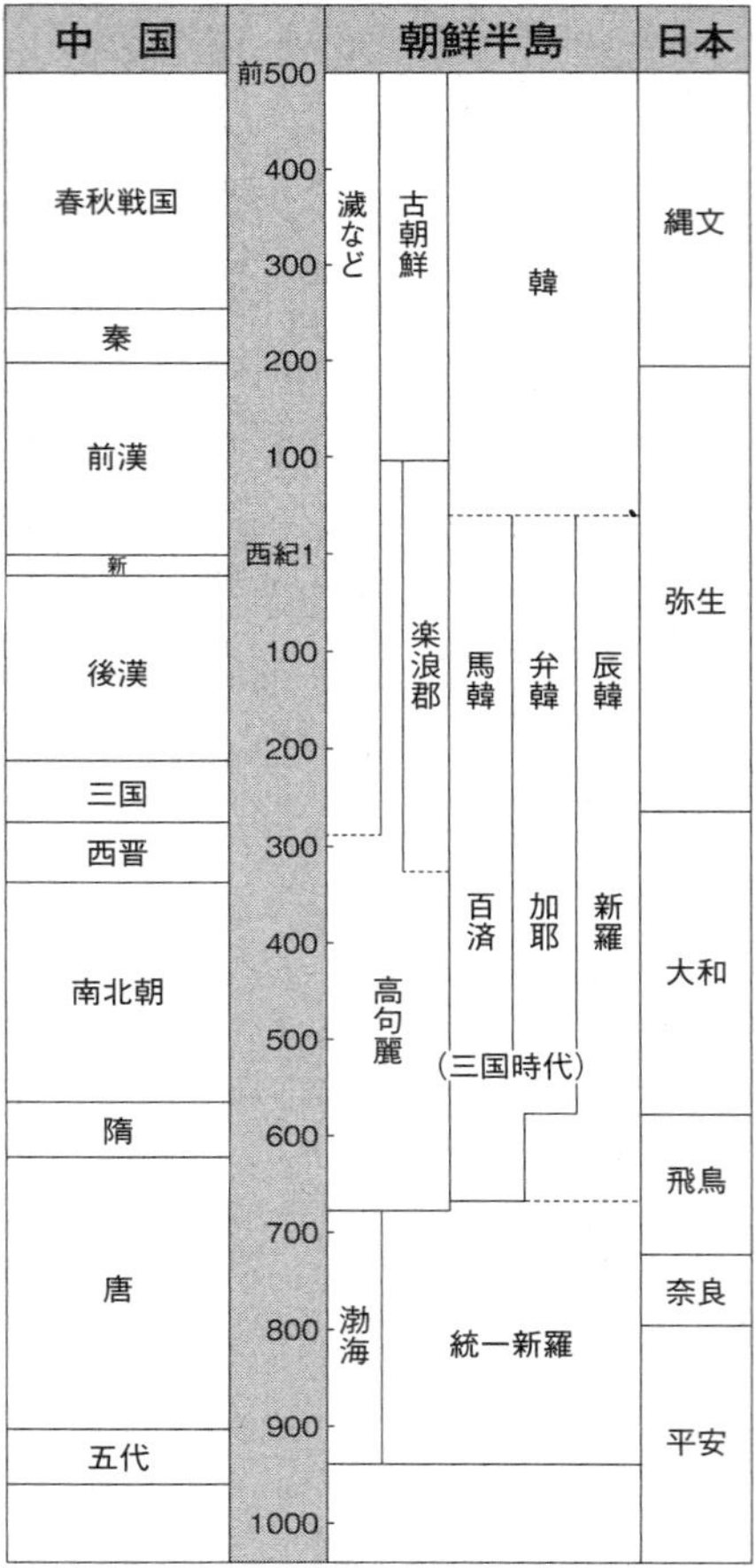

中国から朝鮮半島に出掛ける商人を保護し、朝鮮半島の住民との貿易を拡大していくことを命じた。

このような経緯によって、衛氏朝鮮の時代に朝鮮半島の住民の中国化が急速に進んでいくのである。

文化の開けてきた朝鮮半島を狙う前漢朝

私たちが考える「中国人」とは、「中国文化を身に付けたさまざまなアジア人の集団」とでも呼ぶべきものであろう。古代中国にあっては、どのような系譜のアジア人でも中国語を話す者は中国人として扱われた。その意味で、「朝鮮半島の住民は、衛氏朝鮮のもとで中国人化していった」と評価するのがよい。衛氏朝鮮の時代に、朝鮮半島南部で中国化した地域は、真番と呼ばれたが、中国文化を受け入れない地は「韓」とされた。

韓の文化は衛氏朝鮮の文化より後れた、日本の弥生文化に近い段階にあった。

衛氏朝鮮の発展の中で、朝鮮半島東海岸の臨屯《りんとん》も中国文化圏になっていった。そうであっても、衛氏が武力を用いて朝鮮、真番、臨屯の地をきっちり支配したわけではない。

かれらは交通の要地である王険《おうけん》（今のピョンヤン）に本拠を置いて、貿易商を統制して商品から歩合を取り立てるのを主な仕事にしていた。衛氏朝鮮も、邪馬台国のような交易国家であった。

中国と朝鮮半島を往来して大規模な取引をする商人の、儲けは大きかった。朝鮮半島在住の小規模な商人の利益は、これに較べれば僅かなものにすぎない。

前漢の帝室は衛氏朝鮮との貿易の盛行をみて、しだいに朝鮮支配をもくろみ始めた。ある役人が、紀元前一八〇年に前漢の五代皇帝の文帝《ぶんてい》に朝鮮出兵を勧めたことがあった。しかしこのときは内政が不安定であったために、その計画は見送られた。

次項に記すように、武帝（20ページ参照）の治世になってようやく、朝鮮出兵の企てが実現したのである。

31 四郡を置いて朝鮮半島を支配した前漢朝

匈奴と結んで中国と対立した衛氏朝鮮

前（20ページ）に述べたように前漢の武帝は、四方の異民族を征圧するのに精魂を傾けた有力な君主であった。このときの武帝の最大の敵は匈奴だったが、衛氏朝鮮は匈奴と親密な関係にあった。

そのため武帝は匈奴と手を切らせようとして、渉何《しょうか》という者を使節として衛氏の衛右渠《うご》王のもとに送った。ところが衛氏は中国に従わず、渉何は身の危険を感じて逃げ帰った。

このあと武帝は渉何を遼東郡東部都尉《りょうとうぐんとうぶとい》に任命して、朝鮮攻めの先陣を担当させようとした。ところがこれを知った衛氏朝鮮の右渠王は刺客《しかく》を送り、渉何を短刀で暗殺した。

この事件によって、前漢と衛氏朝鮮の和解のみちは閉ざされた。紀元前一〇九年に武帝は、陸路と海路から朝鮮半島に大軍を送り込んだ。

衛氏朝鮮は地形が険しい場所に軍勢を配して、初戦は奇襲によって大勝した。しかし数にまさる前漢軍は、じりじりと歩みを進め、最後に敵の都の王険城を包囲した。

滅んだ衛氏朝鮮

紀元前一〇八年になると、前漢の寄せ手に公孫遂《こうそんてい》が率いる援軍も加わった。そして長期にわたって包囲を受けた衛氏朝鮮の陣では、和平派と抗戦派との対立が始まった。朝鮮軍はまとまりを欠き、戦意が低下していった。こういった中で、尼谿相《にけいそう》ら三人の将軍が秘かに城を脱出して前漢軍に投降した。

さらに尼谿相は恩賞目当てで衛右渠王の暗殺を引き受け、刺客を用いてその目的を達した。このあと大臣の成巳《そんぎ》が城に拠って抵抗したが、まもなくかれも殺され、衛氏朝鮮は倒れた。

武帝は楽浪郡、真番郡、臨屯郡、玄菟《げんと》郡という植民地をつくって、朝鮮半島を支配した。このあと中国の役人が、郡とその下に置かれた県を治めたのである。

図51　衛氏朝鮮の滅亡

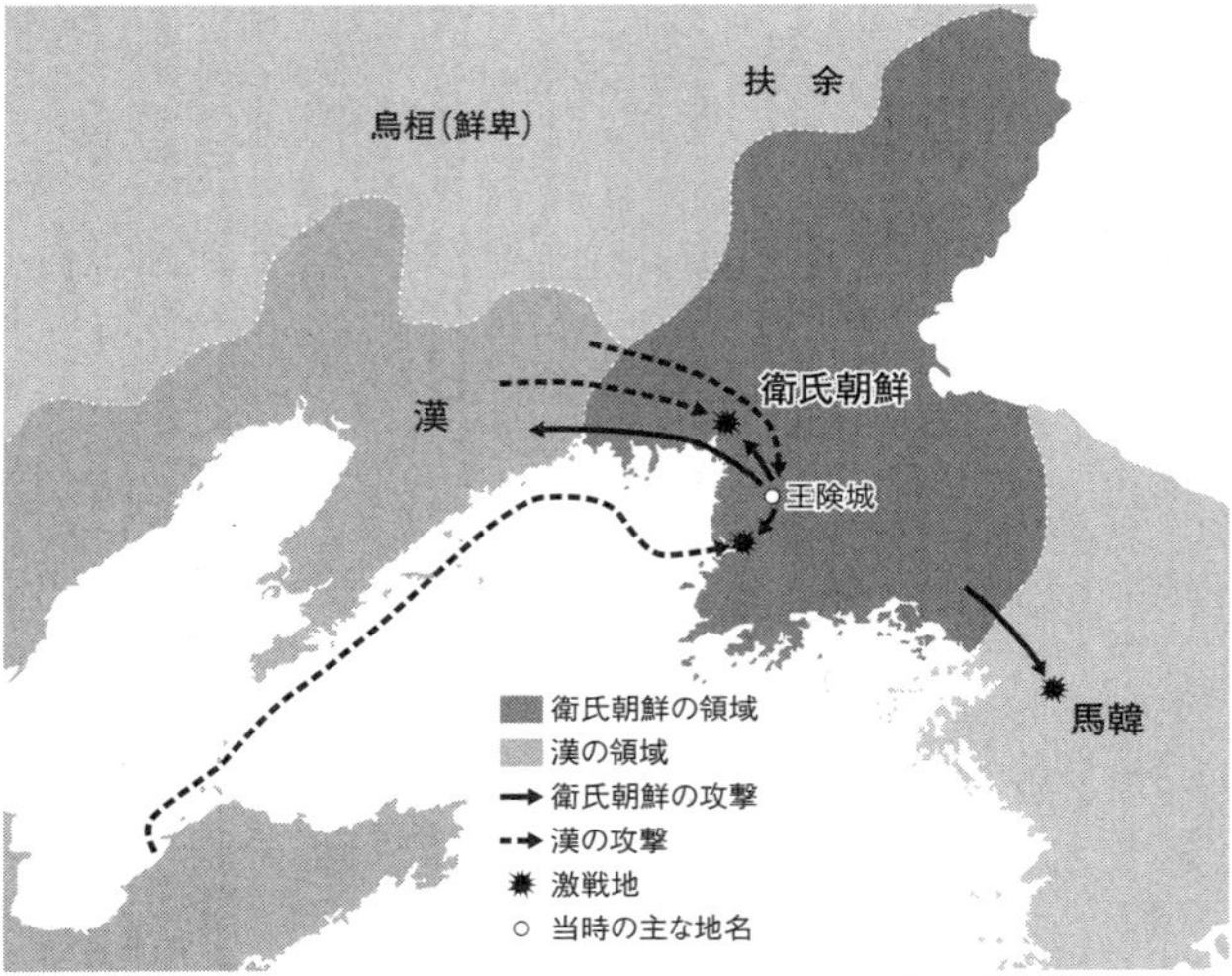

『韓国歴史地図』（平凡社）を参考に作成

武帝が置いた四郡（21ページの地図参照）の中で、楽浪郡だけは貿易の拠点として栄えたが、ほかの三郡はあまり振るわなかった。紀元前七五年には玄菟郡の土地の一部を楽浪郡に編入し、そこの郡治《ぐんち》（郡の役所）を西北方に移した。さらに紀元前八二年には真番郡と臨屯郡を廃止し、その中の要地を楽浪郡に組み込んだ。

　楽浪郡は西晋代の三一三年まで続いた。次項で楽浪郡の実情をみておこう。

32 中国文化を朝鮮半島に広めた楽浪郡

四〇万余りの人口をもつ楽浪郡

最盛期にあたる二年の楽浪郡には、六万二〇〇〇戸余り、四〇万数千人の住民がいたと記されている。この戸数は、七万戸とある邪馬台国の戸数に近い。

楽浪郡の郡治《ぐんち》（郡の太守がいる役所）は、ピョンヤンの対岸にあたる大同江《だいどうこう》の西岸にあった。郡治の周囲には土城が巡らされていた。現在までに、楽浪郡治の発掘がかなり進んでいる。

楽浪郡の人口のうち、どの程度が楽浪郡治とその周辺にいた人かは明らかでない。しかしそこでは商工業が発展し、楽浪郡治の中国人が約四〇〇年間にわたって朝鮮半島や日本列島の住民に大きな影響を与えたことは確かである。

朝鮮半島や日本列島の多くの小国が楽浪郡にあこがれ、貿易を求めてそこに出向

図52　楽浪郡治周辺遺跡図

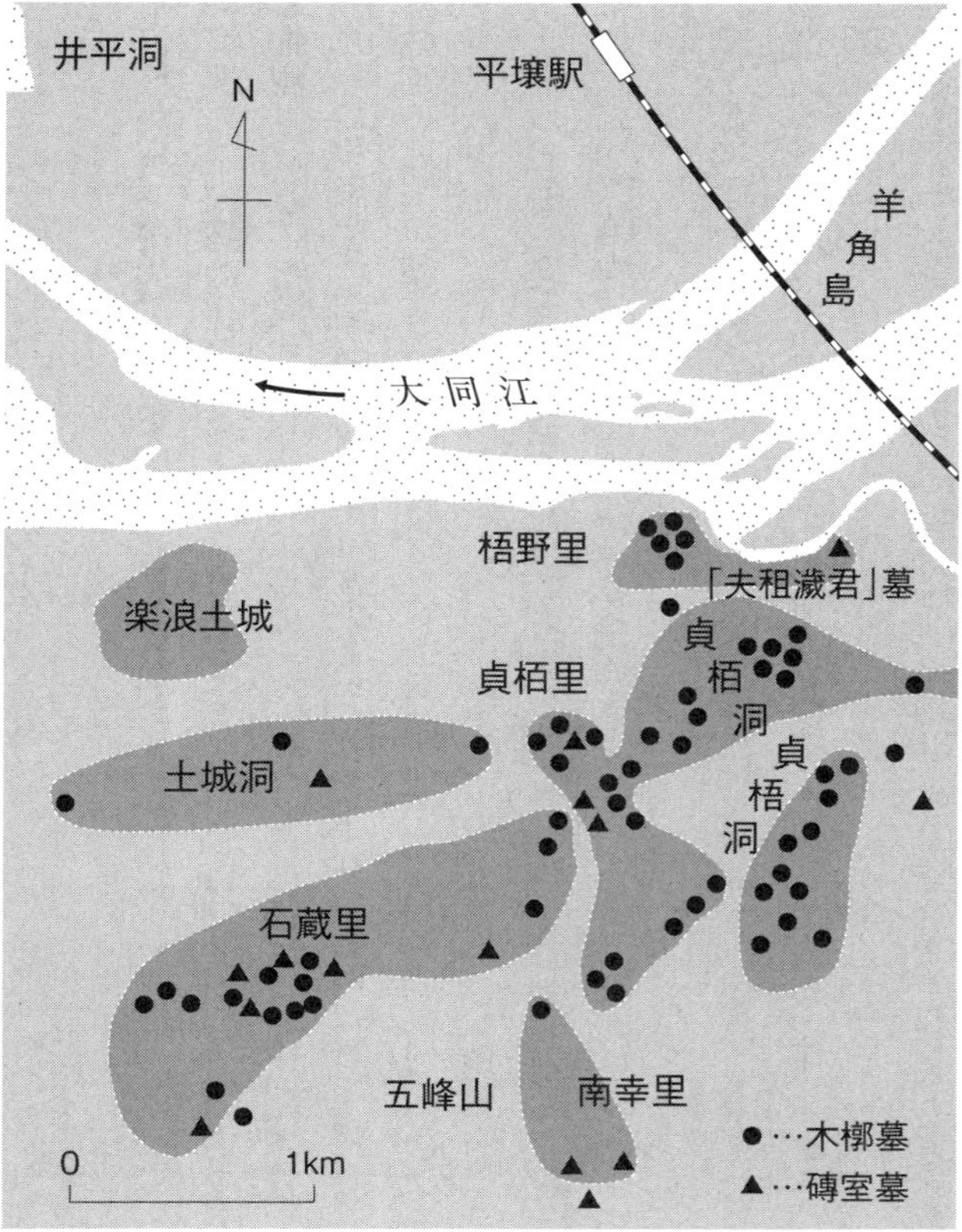

（高久健二著『楽浪古墳文化研究』学研文化社をもとに作成）

いて中国文化を身に付けていったのであった。

楽浪郡から「夫租濊君」の銀印が発見された

楽浪郡の中国系の住民の多くは、燕（143ページの図参照）の方言を話していたと推測される。前漢代から新代にかけて活躍した学者の揚雄《ようゆう》は、『方言《ほうげん》』という書物の中で、「北燕・朝鮮の間」の言葉をひとまとまりのものとして扱っていた。

漢の都の言葉を話すのは、中央から来た役人や有力商人だけであったろう。楽浪郡の管轄下に、二五の県があった。県を治める県城《けんじょう》は、城郭を備えた都市で、商人の活動の拠点になっていたと考えられる。『漢書』地理誌に、紀元前一世紀末に丞相《じょうしょう》（最上位の大臣）の張禹《ちょうう》が調査させた、朝鮮半島の実情が記されている。

そこには、朝鮮半島の都市部の商人の活発な動きが書かれている。また、朝鮮系の都市民が中国人の生活をまねして杯器（食器）を用いて食事をするようになったこともみえる。

前（23ページ）に記したように楽浪郡は北九州の小国にも、大きな影響を与えた。

楽浪郡治の土城の周辺から、「楽浪漢墓」と呼ばれる前漢代から後漢代にかけての墓が多く出土した。その一つから、「夫租《ふそ》濊君《わいくん》」と記された銀印が出土して注目された。

夫租とは、朝鮮半島東北部に置かれた県の名称である。そこで銀印は、夫租の濊族の首長に与えたものであったと考えられる。

夫租などの本拠を離れて先進地の楽浪で生活する者が、朝鮮系の有力者の中に現われてきたのであろう。

後漢代になると、後漢朝の朝鮮支配は後退した。しかし後漢代にも、朝鮮半島の文化、経済の中心としての楽浪郡治の町の繁栄は続いた。次項では、後漢代の朝鮮半島の諸民族についてみておこう。

33 後漢代の中国支配から自立する朝鮮半島の国々

後漢初年の人口減少が朝鮮半島の諸民族の発展をもたらした

前（116ページ）に述べたように、中国の人口は前漢末に始まる動乱によって大きく減少した。

そのため後漢朝を立てた劉秀（光武帝）は、楽浪郡を縮小し、朝鮮半島の異民族を自立した国として把握する方針をとった。前漢代には楽浪郡が朝鮮半島南部の一部まで治めていたが、後漢代に楽浪郡の領域は大きく縮小された。

光武帝は、楽浪郡の治下にあった日本海沿岸の嶺東《れいとう》七県を放棄した。そしてそこの県城の地を、濊族の首長の管理に委ねた。県を治める首長は、不耐濊侯《ふたいわいこう》、華麗濊《かれいわい》侯のような県侯として扱われた。

侯とは、王より格下の異民族の君主（首長）に与えた称号である。

濊の首長は、中国人が建設した県城の町を無償で下賜されたのである。このような県侯の下におかれた功曹《こうそう》、主簿《しゅぼ》などの漢の県の役人には濊人が任命された。『後漢書』に、四四年に韓の廉斯《れんし》の首長、蘇馬提《そばてい》が楽浪郡に朝貢したことが記されている。このとき蘇馬提は廉斯邑君《ゆうくん》とされた。邑君は県侯と同格の称号である。

後漢代に成立した朝鮮半島南部の小国群

朝鮮半島南部の要地は、前漢代の武帝のとき（紀元前一〇八年）に、真番郡に組み込まれていた。しかし真番郡が廃された（紀元前八二年）あと、朝鮮半島の南部の韓に多くの小国がつくられた。

衛氏朝鮮の時代には韓の地全体を治めた辰王《しんおう》がいたと伝えられるが、後漢代に韓は馬韓《ばかん》、辰韓《しんかん》、弁辰《べんしん》（弁韓《べんかん》）の三つに分かれていた。

馬韓には五四の小国が、辰韓には十二、弁韓には十二の小国があった。すぐ前に記したように、このような小国の首長は、中国に従ったときに邑君とされた。韓の地にあった県の多くが前漢代に廃されてしまったために、かれらは県侯でなく邑君として扱われたのだ。

図53　後漢代の東アジア

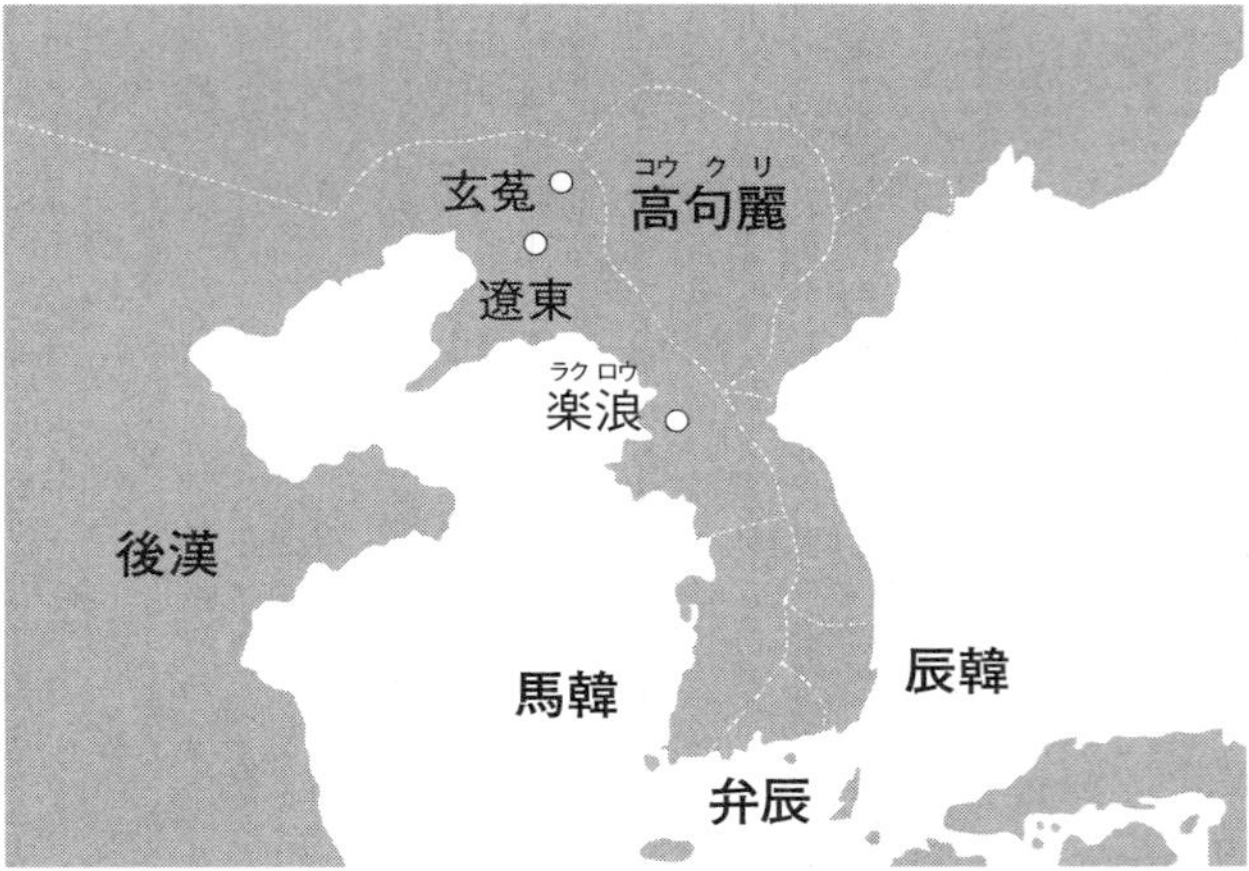

『増補版 標準世界史地図』(吉川弘文館)を参考に作成

朝鮮半島南部に倭人の居住地があったとする説もあるが、それには後(186ページ)で触れよう。

後漢代には朝鮮半島の首長が自立し、楽浪郡の領域は朝鮮半島北部の黄海側だけになってしまったのである。

次項ではこの時代の中国東北地方にあった、高句麗についてみておこう。

34 中国東北地方で高句麗が急成長した

騎馬民族が高句麗を建国する

高句麗は、鴨緑江《おうりよくこう》中流域にいた貊《ばく》族（高句麗族）という騎馬民族が興した国である。貊族は紀元前一〇八年に、前漢の武帝に征服されて玄菟郡の支配下におかれた。

しかし馬を巧みに操る優れた戦士が多くいた貊族は、まもなく（紀元前七五年）中国の勢力を自分たちの本拠地から追った。そのため前漢朝は玄菟郡を縮小し、玄菟郡治を遼東地域に移さざるを得なくなった。

このあと貊族の地に、多くの小国が生まれた。『三国史記《さんごくしき》』などの朝鮮の歴史書は、このような情況の中に朱蒙《ちゆもん》という英雄が出現したと伝える。

朱蒙は東扶余《ひがしふよ》の王子であったが、兄に国を譲るために、三人の家来と共に国を出たという。このあとかれは、卒本扶余《そつほんふよ》という貊族の国に来て、そこの国王に気に入られて王の養子となった。王に、あとつぎとなる男子がいなかったためである。

このあと朱蒙はあちこちの戦いで手柄を立て、五穀の種子を用いて農業を発展させた。そして国位を嗣いだときに、国号を高句麗に改め、高《こう》を王家の姓にしたという。「高」とは高いところにある太陽を表わす、「天の神の子孫」を示す姓である。

急速に勢力を拡大する高句麗

『三国史記』などに高句麗の建国は、紀元前三七年であると記されている。朱蒙は国王になったとき、二十二歳であった。

朱蒙の事跡は伝説的である。しかし紀元前一世紀末頃の鴨緑江中流域の新たな有力な遺跡群の出現は、高句麗の誕生を示すものだとする説もある。

高句麗王家は朱蒙の代に、貊族の小国群を一つに統一したと伝えられる。このあと高句麗は、東沃沮《よくそ》、北沃沮や玄菟郡の中国人と戦いを繰り返して勢力を拡大していった。

二世紀末の高句麗に、故国川《ここくちょう》王が登場した。かれは国政の整備に力を入れた。

図54　高句麗の発展

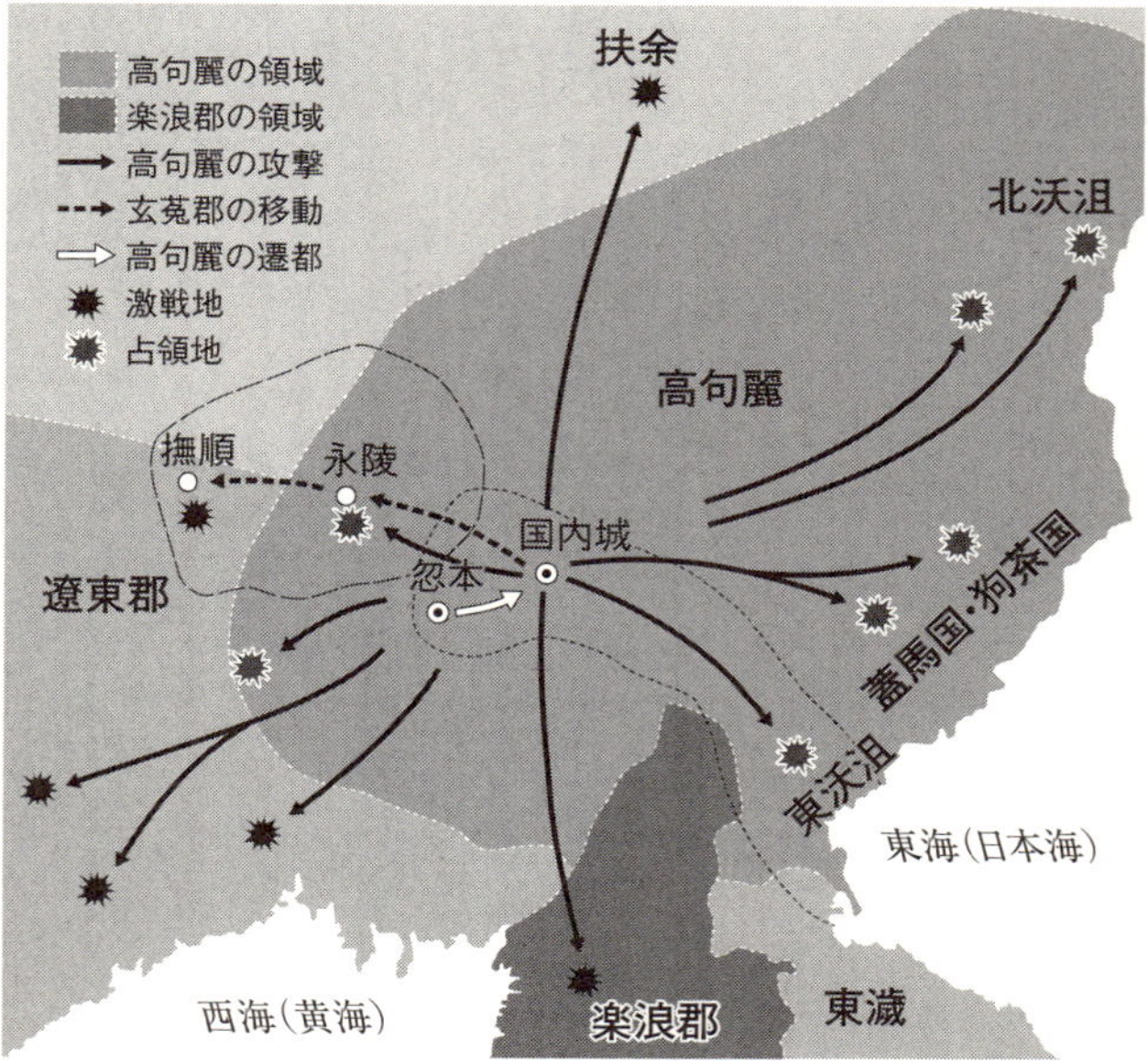

『韓国歴史地図』(平凡社)を参考に作成

かれの時代に王家の王位継承が、中国のような父子相続とされた。

さらに故国川王は高句麗を形成する部族を、東、西、南、北、中の五部に再編した。中国流の賑貸《しんたい》法が行なわれるようになったのも、かれの時代である。賑貸法とは貧民救済の事業で、希望する庶民に春に穀物を貸して、それを秋に利子をつけて返させるものであった。

高句麗の記録によれば、高句麗は後漢代末に単なる部族連合と異なる、王の下の役人が国政を把握する一人前の国家としての体制を整えたことになる。

このあと高句麗は、西晋朝が後退した四世紀に大きく発展した。次項では三国時代に高句麗の新たな敵となった、公孫氏政権についてみていこう。

35

軍閥の公孫氏が遼東半島を奪って自立した

遼東太守が自立した君主に

後漢代末から三国時代はじめにかけて（一九〇年頃―二三八年）、朝鮮半島北部は中国から自立した公孫《こうそん》氏政権の支配下にあった。前（123ページ）に記したように後漢末の混乱期の中の、董卓専権のもとで多くの軍閥が自立した。このとき中国の北東の辺地にいたのが、遼東郡の太守を務める公孫度《たく》であった。

公孫度は一九〇年頃に、遼東郡で自立した。かれの領地に隣接する幽州には、州の刺史《しし》を務める公孫讃《さん》という有力な軍閥がいた。しかし冀州《きしゅう》に本拠を置く袁紹《えんしょう》と対立し続けていた公孫讃は、遼東郡に手を出すゆとりはなかった。

刺史が郡の上に置かれた州の長官であり、郡の太守はその下位にある。公孫度と公孫讃とは同姓であるが、血の繋がりはない。

図55　公孫氏の領域

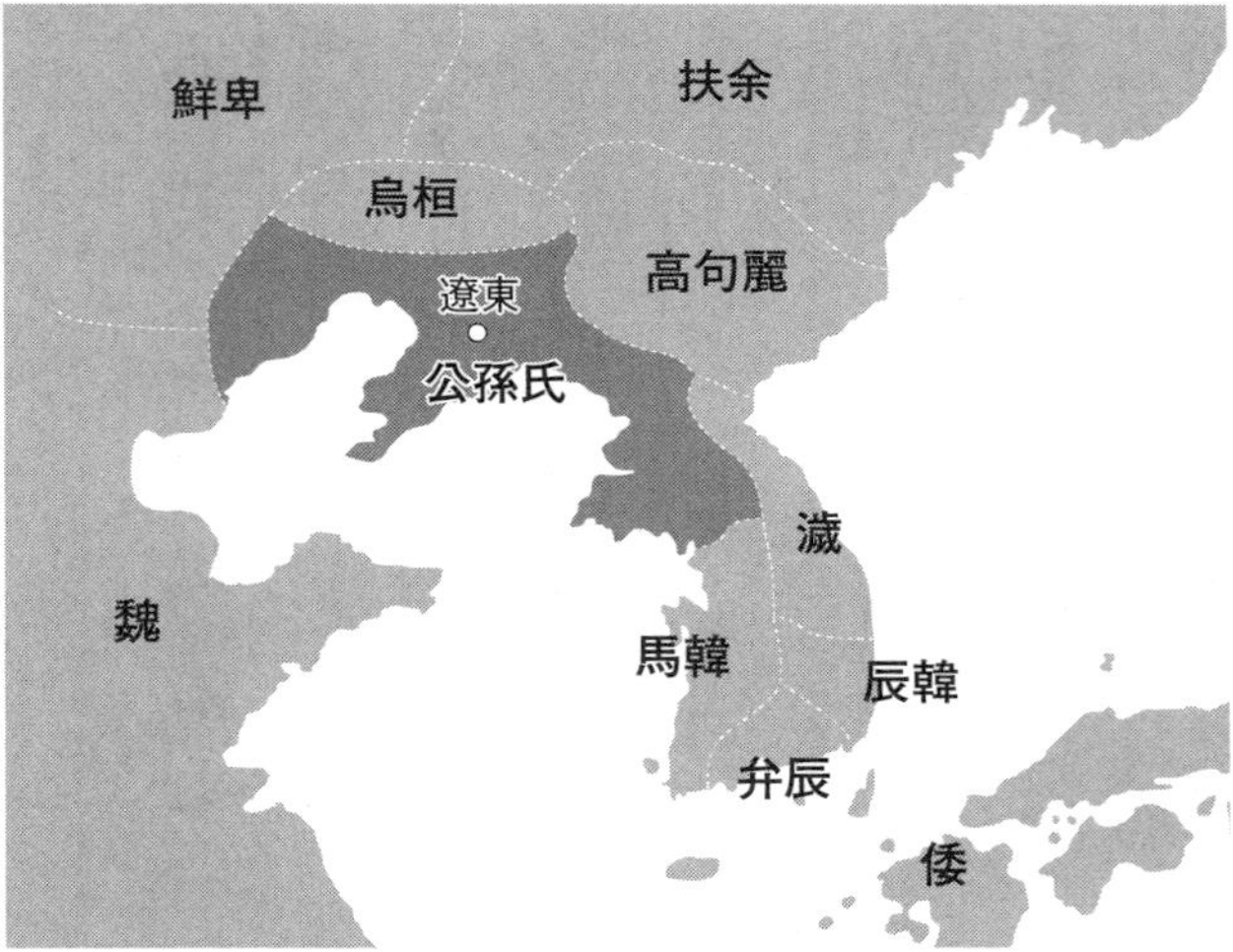

公孫氏は、度、康《こう》、恭《きょう》、淵《えん》の四代にわたって遼東郡を支配した。そして二代目の公孫康のときに、公孫氏政権は楽浪郡と玄菟郡を併合して大きく発展した。

弱小軍閥にすぎない公孫氏は、鮮卑と結ぶと共に、中央の政争に関わるのを極力避けた。

このあと袁紹は公孫讃を倒したが、曹操に敗れた。袁紹の没後に、袁紹の子の袁譚《えんたん》、袁尚《えんしょう》の兄弟が公孫度をたより、公孫度と連携して曹操と戦おうともくろんだが、このとき公孫度は、袁譚、袁尚を捕らえて、差し出して曹操に忠誠を誓っている。

朝鮮半島北部に勢力を広めた公孫氏

公孫康は、二〇四年に父の公孫度の後を嗣いだ。そのころの楽浪郡は後漢朝の後援を得られず、周囲の異民族の侵入を受けて苦しんでいた。

これに対して公孫氏政権は、小勢力ながらもよく統制のとれた軍隊を備えていた。そのため公孫康は、遼東郡の太守になってまもなく楽浪郡の併合を敢行した。

当時の楽浪郡は中国人からみると不便な辺地であったが、そこを抑えると韓や倭との貿易の利益を独占できた。楽浪郡は「異民族の中の中国の辺地」といった位置にあった。そこは後漢の支援がなければ、すぐさま異民族の略奪を受けて滅びる弱い立場だった。楽浪郡の商工民は、公孫氏の支配を大いに歓迎したと思われる。公孫氏が出てこなければ、そこは三国の動乱の時代に滅亡していたであろう。

公孫氏の関心は主に南方の韓、倭国に向けられていた。そのため次項に記すように、かれらは楽浪郡を征圧した年に、楽浪郡の一部を割いて南方との貿易により便利な帯方郡を置いたのである。

36 帯方郡が楽浪郡から分かれる

後漢代末に濊や韓に圧迫された楽浪郡

公孫氏政権を開いた公孫度は、本拠の西方の守りに手一杯であった。かれが渤海湾を渡り、山東半島の北岸を占領したこともある。

そのため公孫度は、南部の楽浪郡方面攻略にまで手が回らなかった。『三国志』の東夷伝韓伝は、公孫氏政権成立（一八九年）の直前の楽浪郡の混乱のありさまを、次のように記している。

「後漢代の桓《かん》帝・霊《れい》帝の時代（一四六―一八九）の末期になると、韓や濊が強盛《きようせい》になった。そのため楽浪郡やその下の県の役人は、かれらを抑えきれなくなったので、楽浪郡の住民の多くが、しかたなく韓の国々に流入した」

公孫康は二〇四年に父の後を嗣ぐと、韓や倭との貿易の利益を求めて楽浪郡を併合した。さらにかれは二〇五年頃、楽浪郡の南部を楽浪郡から分けて、帯方郡という軍管区とした。そこの役人に、朝鮮半島中部方面の中国系の住民を把握させたのだ。

公孫康はこのあと軍隊を送って韓と濊を討って、そこに移住していたかなりの数の中国系の住民を取り戻した。

帯方郡と日本との交渉が始まる

帯方郡は洛東江《らくとうこう》に通じる街道を抑える漢江の渓谷にあったと推測されている。

『三国志』東夷伝韓伝は帯方郡の成立について、次のように記している。

「建安《けんあん》年間（一九六―二二〇）に公孫康が、楽浪郡の屯有《とんゆう》県（黄海北道冀州郡）以南の非支配地に帯方郡を立てた」

ここには建安年間とあるが、東洋史研究者の多くは、公孫康が立った翌年にあたる二〇五年頃に帯方郡ができたと考えている。

帯方郡の成立後は、韓や倭国との交渉は帯方郡の管轄となった。『後漢書』の東夷伝韓伝に、次のように記されている。

図56　帯方郡

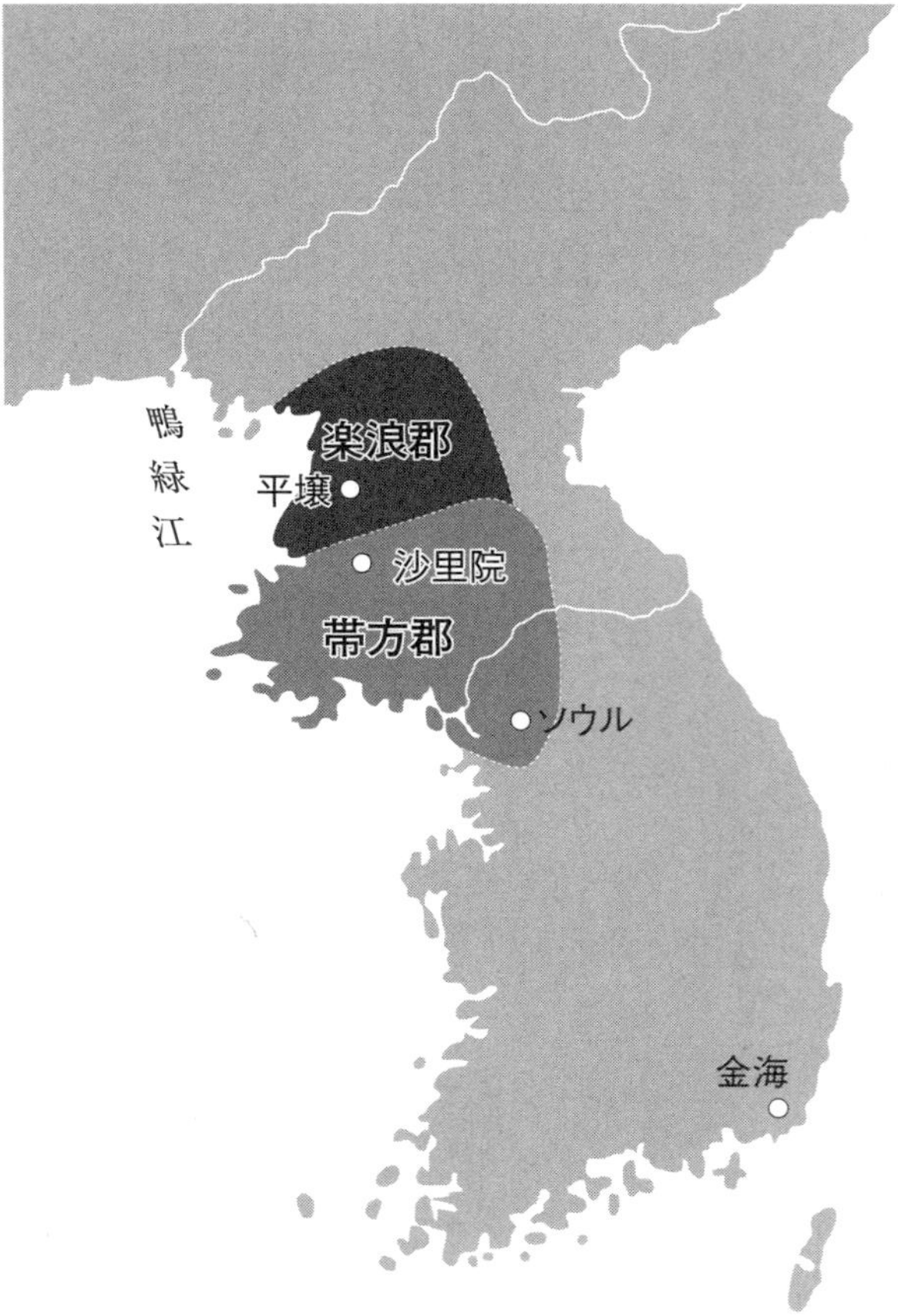

「帯方郡が韓、濊を攻撃した後は、倭も韓も帯方郡に屈するようになった」

私は『梁書《りょうじょ》』の記事から、卑弥呼は中国の光和《こうわ》年間（一七八―一八四年）のいずれかの年に三〇国を治める女王に立てられたと考えている。彼女はそのあとすぐに、中国の役所に、倭国の王となったことを報告したと考えられる。

光和年間は、公孫氏政権が自立する以前に相当する。それゆえ卑弥呼は、最初は楽浪郡を治めた後漢の役人を介して倭王になったと考えられる。

そのあと楽浪郡が大きく衰退し、二〇五年頃に帯方郡が置かれたあと、卑弥呼はあらためて公孫氏に従ったのであろう。

「邪馬台国は魏と通交する直前まで、公孫氏に属していた」

これは倭国の歴史を考えるうえで重要なことである。司馬懿は倭国との通交を実現させるために、公孫淵を滅ぼした（178ページ）。次項では、公孫氏政権の滅亡のことを記そう。

37 司馬懿が公孫氏を滅ぼした

呉との連携を模索した公孫氏四代目の公孫淵

二二一年に公孫康の弟の公孫恭《きょう》が、兄の後を嗣いだ。しかし公孫康の子の公孫淵はこの継承に不満を持ち、二二八年に叔父を追って公孫氏の四代目となった。しかし公孫淵が立った時点で、公孫氏政権は大きな不安に直面していた。魏朝が中国の主要部の統一をすでに終えて、公孫氏政権にあれこれ圧力をかけていたからである。

魏に降伏して魏の一介の役人となれば、公孫淵は平穏な生涯を送れたろう。しかしかれは「独立政権の長」という居心地の良い椅子に、大きな未練を感じていた。

図57　公孫氏系図

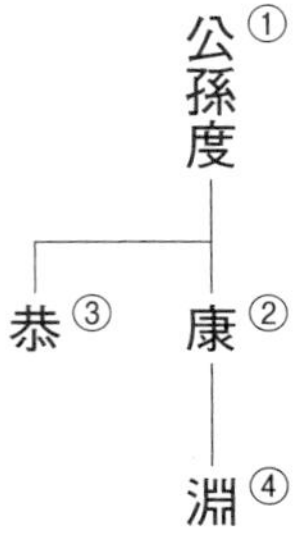

二二九年に呉の孫権が江南で帝位につき、そのことを告げる使者を遼東に派遣してきた。これを受けた公孫淵は、魏と対立する呉と同盟を結び、自領の安定をはかろうと考えた。

公孫淵は二三二年に、属国となることを申し出るための使者を呉に送った。この使者の一行は、途中の山東半島先端で魏軍に見つかって攻撃され損害を受けた。それでもかれらは辛《かろ》うじて公孫淵の上書（上位の者に差し出す文書）を、孫権に届けることができた。

孫権はこれに応じて公孫淵を呉の皇帝配下の燕王《えんおう》に任命し、そのことを伝える使者を遣わした。ところが遠方の呉は、いざというときに援軍を送ってくれそうもない。

最後は一族をあげて滅んだ公孫氏

魏は、公孫氏の臣属をしつこく要求してくる。戦いになれば、勝ち目はない。思い余った公孫淵は、二三三年に来た呉の使者を斬って魏に許しを求めた。

これに対して魏は、ひとまず公孫淵を楽浪公とした。公位は王位より下だから、魏は公孫氏政権を呉より軽視していたことになる。

このとき魏は、西方の蜀の諸葛亮の軍勢との戦いに手一杯だった。しかし魏は、

「遼東郡を得なければ、中国を統一したことにならない」

と考えていた。東夷の国々との貿易の利益も魅力たっぷりであった。

公孫淵は魏の下の独立政権の長である楽浪公として、つかの間の平和を楽しんでいた。しかし二三四年に諸葛亮が病没し（198ページ）、魏の西方の戦争状態はひとまず収まった。

このあと魏軍を束ねる司馬懿が準備を調《ととの》え、二三八年六月に遼東に攻撃を仕掛けてきた。公孫淵は全軍を動員して防備に当たったが、魏の大軍に抵抗しても無駄であった。公孫淵は八月に戦死し、そのあと公孫氏政権の首都であった襄平城《じょうへいじょう》内の十五歳以上の男性はすべて殺された。

この戦いのあと魏が帯方郡を支配するようになり、それによって東アジアの政情は大きく変わっていった。次項では公孫氏政権滅亡をきっかけに始まった、魏と高句麗との戦争について記そう。

38 高句麗と魏朝の争い

後漢代に勢力拡大した高句麗

高句麗は後漢代に、中国領である玄菟郡や遼東郡に攻撃を仕掛けたり、北方の扶余と争って成長した。そのため高句麗は二世紀末には、中国東北地方（満州）の東夷の国々の中の最有力者となっていった。

『後漢書』高句驪（高句麗）伝に、

「質帝《しってい》、桓帝（一四六―一六七年）の時代に、高句麗が遼東郡の西安平県《せいあんぺいけん》を侵した」

とある。またそのあと一六九年に、

「玄菟太守の耿臨《こうりん》が高句麗を討って新大王《しんだいおう》（第八代の王とされる）を降伏させた。これによって高句麗は玄菟郡に属すようになった」

とも記されている。

図58　後漢代の東夷の君主の地位

王	侯	邑君
高句麗 扶余 奴（のちに倭）	東沃沮 濊（魏のとき王になる）	韓

後漢代に後漢と高句麗との戦いが何度か起こったが、後漢と高句麗がいつもにらみ合っていたわけではない。後漢と高句麗とが良好な関係にあった時期の方がより長い。

高句麗にとって強大な中国の兵力は大きな脅威であるから、歴代の高句麗王は後漢朝の機嫌を取っておくのが得策と考えたのだ。

後漢は、高句麗に王号を授けている。この他に王号を与えられた東夷の君主は、扶余王と奴国王（倭国王）だけであった。東沃沮や濊は、王の下の侯とされていた。『後漢書』東夷伝に、「扶余が一六七年に後漢の玄菟郡を攻めて敗れた」と記されている。しかしそれ以外は扶余と後漢は親密であり、扶余はしばしば中国に朝貢していた。

公孫氏滅亡後に魏と戦った高句麗

公孫氏が後漢から自立した七年後にあたる一九七年に、山上王《さんじょうおう》が高句麗の王位を嗣いだ。二〇〇年代後半公孫氏二代目の公孫康が勢力を拡大すると、高句麗にさまざまな圧力をかけてきた。

『三国志』東夷伝には、

「建安年間（一九六―二二〇）に公孫康が軍勢を派遣して、高句麗を破った」

とある。このとき山上王の兄にあたる発岐《はっき》（抜奇）が、自領の三万人余の下戸《げこ》（庶民）と共に公孫氏に従った。

このあと高句麗は失地を取り戻そうと公孫氏領の玄菟郡に攻撃を加えたが敗れた。二二七年に東川王《とうせんおう》が山上王のあとを嗣いで高句麗王となった。この東川王は二三八年に司馬懿が公孫淵を討ったときに、援軍を送って魏を助けた。

これをきっかけに魏と高句麗との友好が始まったが、高句麗はまもなく魏の勢力拡大に反発した。二四二年になると東川王は自ら軍勢を率いて中国領の西安平県《せいあんぺい》に侵入した。幽州の刺史で有力な将軍であった田丘険《かんきゆうけん》はこの挑発に対して、二四四年に高句麗攻めを敢行して勝利した。

公孫氏や魏と戦うことが、この時期の高句麗にとって自国を拡大させる最善のみ

ちであった。これに対して中国でも、しだいに、

「目障りな高句麗を自領に併合しよう」

という声が高まっていた。三世紀に高句麗と中国は、不倶戴天の敵どうしになっていったのだ。

39 魏朝に反抗した韓の小国

公孫氏滅亡後、魏に従わされた韓の国々

司馬懿《しばい》が陸路で進撃して、公孫淵《こうそんえん》を滅ぼす直前のことである。魏の明帝は二三八年八月に、海路で別働隊を朝鮮半島に送った。

司馬懿が魏の都、洛陽を出発したのがこの年の一月であった。そしてその年の八月には、司馬懿と公孫氏の最後の戦いが行なわれていた。

別働隊は新たに楽浪太守に任命された鮮于嗣《せんうし》と、帯方太守となった劉昕《りゅうきん》から成っていた。かれらは、司馬懿に近い人びとであった。

中国の水軍が来たときには、滅びかけた公孫氏に属する楽浪郡や帯方郡の役人の戦意は低かった。鮮于嗣と劉昕はやすやすと、朝鮮半島北部、中部を征圧した。

帯方郡治に入った劉昕は、韓の小国の君主たちに、魏に従うように呼びかけた。

図59　三国時代の韓

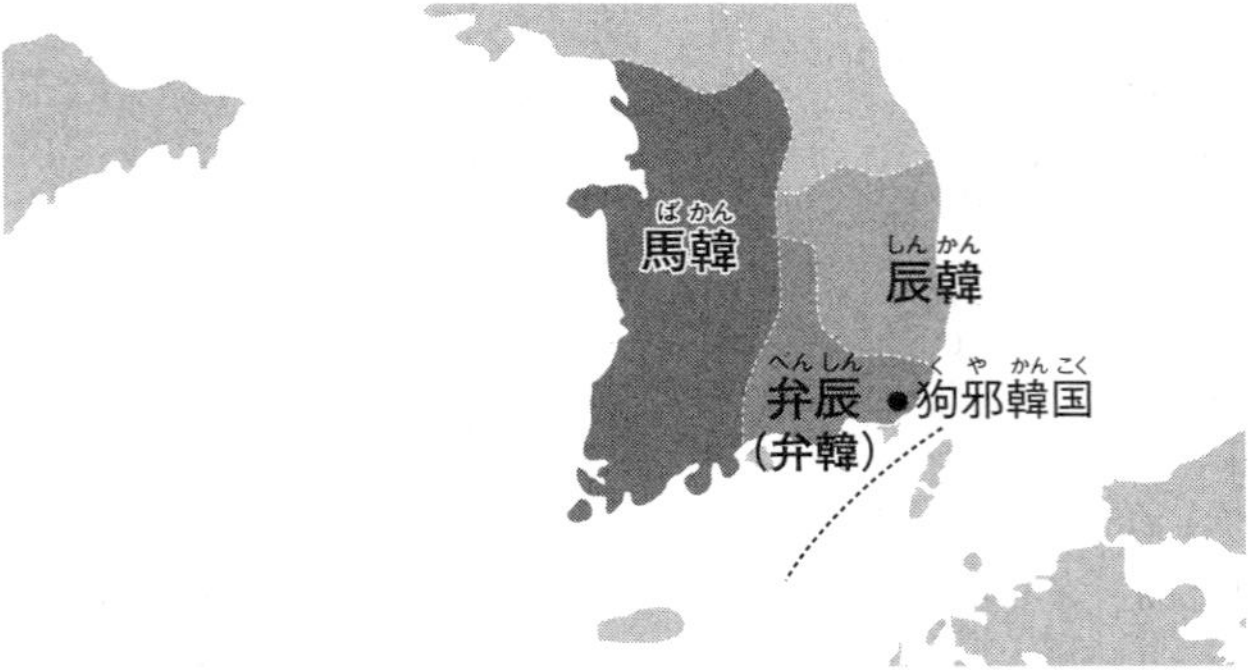

かれはこのとき帯方郡治に詣でた君主たちに、邑君の印綬を授けた。このあと劉昕は司馬懿と連携をとりながら、韓と倭国への支配を進めていくことになった。

韓人の反乱が帯方太守を戦死させた

韓の中には、魏の支配を拒否した小国もあった。また貿易のときに、帯方郡の役人の指示に従わない韓の商人もかなりいた。

朝鮮南部の支配が停滞する中で、魏は韓の地のすべてを強引に楽浪郡に併合する方針を打ち出した。これを聞いた韓の小国は連合して、反魏の挙兵をした。

皇帝の命を受けた帯方太守の弓遵《きゅうじゅん》と楽浪太守の劉茂《りゅうも》は、二つの郡の全軍を動員して韓にむかった。このあと激しい戦いが繰り広げられたと考えられるが、『三国志』東夷伝韓伝にその詳細は書かれていない。

戦いの中で、帯方太守弓遵は戦死した。しかしこの勝負は、魏軍の勝利におわった。このあと韓は中国領に併合されずに、小国群が分立する形で続いている。戦争には勝ったものの、韓の人びとの強い反発を感じた魏が韓に手を付けずにおいたのであろう。

戦死した弓遵は邪馬台国と魏の外交に深く関わった人物であるが、その詳細は次章（213ページ）に記そう。高句麗や韓、その他の東夷の国々は、何度も中国に反抗した。ところが倭国は一貫して中国の文化を尊重し、歴代の王朝に従順な態度をとっていた。この動きによって倭国が魏から好感を持たれたことが、卑弥呼の親魏倭王任命につながったのだろう。

次項では再び邪馬台国時代の日本に戻る前に、朝鮮半島南端の倭人についてみておこう。

40 邪馬台国時代の朝鮮半島南端に倭人が住んでいたとする説

不確かな朝鮮半島の倭人の存在

古代の中国や朝鮮の文献の中に出てくる倭人の一部は、朝鮮半島に住んでいたとする井上秀雄氏らの説がある。図に示したように、井上氏は、倭人は朝鮮半島南端の海岸部に住んでいたと推測している。

この説に従えば、朝鮮半島から日本を訪れた交易民の多くは倭人であったことになる。古い時代のことなので、誰が大陸と日本の貿易の担い手であったかを示す確かな根拠はない。

ふつうに考えれば、北九州の住民が有益な商品を求めて命がけで海を渡ったとみるのが妥当であろう。しかしかなりの数の韓人の商人も、対馬海峡を往来していたと考えてよい。

図60　倭人の居住地

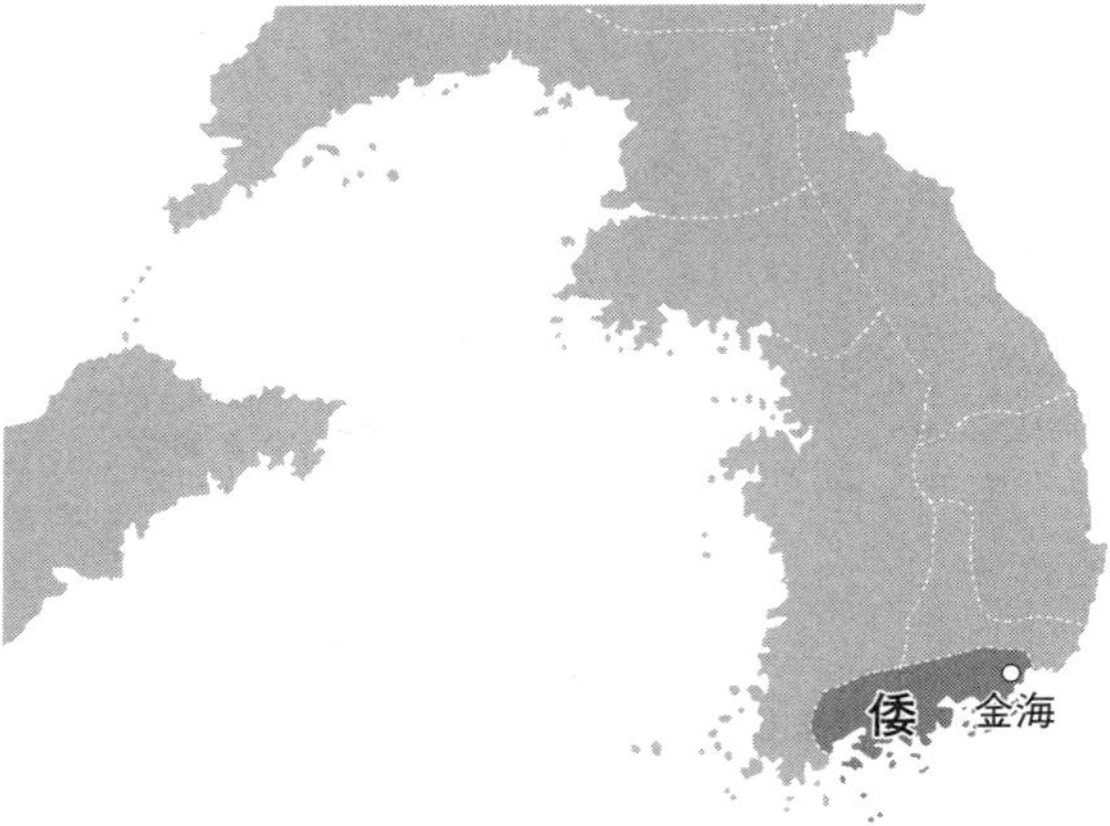

さらに前（22ページ）に記したように、早い時期には進んだ造船技術をもつ朝鮮半島在住の中国人の商人も日本との貿易を行なっていたとみるのが妥当である。

倭人は貿易のために朝鮮半島に来たのか

ある程度の倭人が二、三世紀に、朝鮮半島南部に住んでいたことは確かである。倭系遺物と呼ばれる考古資料は、それを裏付けるものである。

倭系遺物とは、日本で出土するものと同じ形式の銅鏡、刀剣類、勾玉《まがたま》、土師器《はじき》（うわぐすりをかけない土器）などである。それらは、祭祀に用いられた

図61　朝鮮半島南部の倭系遺物分布図

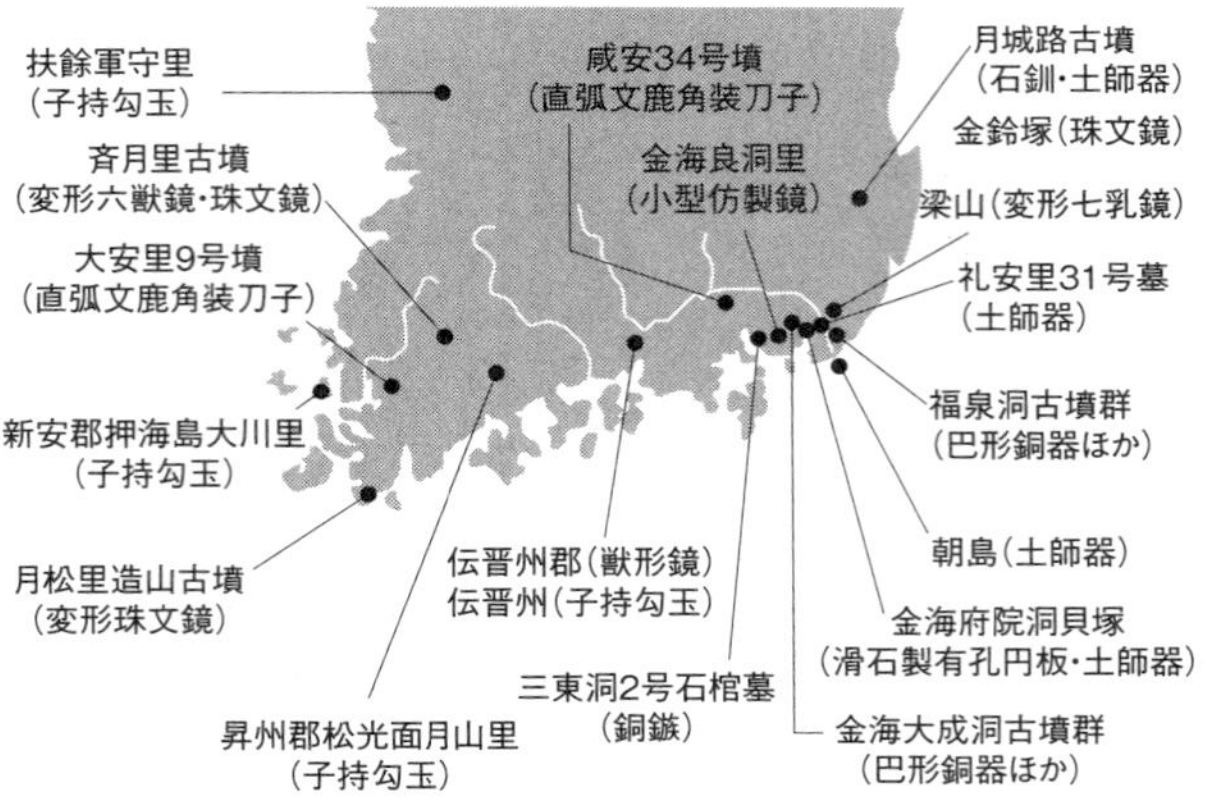

（出典：熊谷公男『大王から天皇へ』〈講談社〉）

ものと考えられる。

一例をあげると金海《キメ》の良洞里《りょうどうり》遺跡の二、三世紀の墳墓からは、北九州のものと同じ小型の銅鏡や中広形銅矛が出土している。朝鮮半島の銅矛は細形の実用的な武器であるが、その銅矛は太くて重い祭器にしか使えないものである。

文化の違う韓人が、わざわざ日本風の銅矛や朝鮮半島の土器より質の劣る土師器を求めて用いたとは考えにくい。日本列島の人びとと同じ信仰をとる倭人が、朝鮮産の祭器ではなく日本風の祭器を入手するか、製造するか、したのであろう。

韓人は、シベリア方面から中国東北地方（満州）を経て南下してきた人びとと考えられる。これに対して倭人は、日本列島から海を渡って朝鮮半島に移住した。縄文時代に一部の縄文人が渡来して、ある程度広まっていた可能性もある。しかし倭人の多くは、紀元前一世紀末に朝鮮半島との貿易が始まったのちに来た、交易民であったろう。

次章では最後のまとめとして、再び日本に戻って、これまであげてきたいくつかの謎の答えを記そう。

コラム　日本に向かう貿易船が出航した狗邪韓国

「魏志倭人伝」の邪馬台国への行程に関する記事は、帯方郡の次に狗邪韓国《くやかんこく》を置いている（36ページ参照）。この狗邪韓国は、朝鮮半島南端の現在の金海市にあったと推定されている。

狗邪韓国から海を渡って、対馬、壱岐を経て北九州にいたるのである。狗邪韓国は弁辰（弁韓）の小国の一つで、弁辰狗邪国《べんしんくやこく》、金官国《きんかんこく》とも呼ばれた。四世紀以後は、金官加耶国《きんかんかやこく》（金官加羅《から》国）とされることが多かった。

狗邪韓国のある金海地方の五世紀以前の遺跡が豊富なことから、そこは加耶（弁辰）の中の先進地であったと考えられる。大和朝廷が北九州に勢力を伸ばしたあとには、大和朝廷と金官加耶国との貿易が盛んになった。そのため四、五世紀には金官加耶国は日本の勢力を背景に、加耶地方の小国郡の指導的地位にあった。

しかし金官加耶国は新羅の近くに位置していたため、五三二年にめざましく勢力を拡大した新羅に併合された。

第五章

卑弥呼の外交と大和朝廷の発展

41 倭国を東方の神仙境とみた中国人

中国人が理想化した倭国

多くの民族に、古代のこういった伝説が伝わっている。

「はるか遠くに、神々の住む国がある」

中国は、東方だけ海に面した地である。そのためそこでは自然な形で、日が昇る東の海の果てに理想境が存在するという発想が生まれた。

『史記』に、

「山東半島の沿岸によく蜃気楼《しんきろう》が現われるので、そこの人びとは神仙の世界に心を寄せるようになった」

という記述がある。そして古代中国人の地理観で、倭国は山東半島の東あたりに置かれていた。

「倭人」に関する最古の記事は、『山海経《せんがいきょう》』に出てくる。そこには、次のようにある。

「蓋国《がいこく》は燕の南側、倭の北側にある。倭は燕に属している」

『山海経』は、戦国時代に書かれたといわれる地理書である。蓋国は朝鮮半島東部にあった国で、燕は戦国の七雄のなかで朝鮮半島に最も近い地を領地にしていた（143ページの地図参照）。ここの「燕に属す」は、燕の領地を示すものでなく、「燕の近くの世界」にあることを表わすものである。

この『山海経』に次ぐものが、後漢代の王充《おうじゅう》の手に成る『論衡《ろんこう》』という礼書の記事である。そこには、

「周の成王《せいおう》の時に、越裳《えつしょう》が雉《きじ》を、倭人が鴨《よう》（長い草）を献上した」

などとある。これは周代の聖帝のときに、地の果ての越裳や倭人まで中国に従ったという伝説を記したものである。

渤海湾のはるか東方に倭人がいることが、中国では古くからおぼろ気ながら知られていたのであろう。

神仙境を求めて東に向かう徐福

『史記』には、次のような記事が収められている。

「戦国時代の諸侯の一人が人を派遣して蓬萊山《ほうらいさん》、方丈山《ほうじょうさん》、瀛州《えいしゅう》から成る三神山を求めさせた。この三神山は渤海湾沿岸からさほど遠くない海中にある」

さらに『史記』は秦の始皇帝が、徐福《じょふく》という者に三神山を探させたと記している。

徐福は五五四人を引き連れて八五艘《そう》の船で、山東半島から船出したが、帰ってこなかったという。徐福がどこへ行ったか明らかではないが、徐福の実在は確かである。

徐福の話は、三国時代に広く知られていた。そのため倭国との外交を担当した者が、「倭国が三神山ではないか」とか「三神山がある島が、倭国の近くで見付かるのではないか」と考えた可能性は十分ある。

東方神仙境説が、日本への好感度を高めたのかもしれない。今でも日本のあちこちに、徐福漂着の伝説が残っている。佐賀市の金立《きんりゅう》神社の祭神の中の一柱に徐福がおり、そこの境内に徐福着船の地とされる場所がある。また和歌山県新宮市には、徐福来航伝説にちなむ徐福公園がつくられている。

このような東方神仙境説は、次項以下に記す司馬懿の倭国観に大きな影響を与えた。

徐福像（佐賀市）

42 倭国の朝貢を心待ちにしていた司馬懿

二つの記録をもとにまとめられた「魏志倭人伝」

前にも述べたように邪馬台国と魏との国交は、司馬氏の主導のもとに行なわれた。倭国に朝貢させることが、司馬懿の勢力拡大のために欠かせなかったのである。そして司馬懿の東方経営は、かれと曹真、曹爽父子との政争（204ページ参照）と切り離せないものであった。

「魏志倭人伝」は、二つの記録を合わせてつくられたものである。その前半は、倭国大乱の終結したあとで後漢代末の公孫度の自立以前の時期（一八五―一九〇年頃か）に伊都国《いとこく》を訪ねた中国の使者の報告を踏まえて記されている。そしてその後半は、年代順に記された魏の外交記録から抜き書きされたものである。

「魏志倭人伝」の前半部分は、邪馬台国が遠方の大国であることを強調する書き方

図62　「魏志倭人伝」のもとになった文献

本文の区分	もとの文献
1、邪馬台国への行程	a
2、倭国と会稽・海南島との比較	a
3、倭国の習俗と産物	a
4、卑弥呼共立	a
5、倭国周辺の国々	a
6、魏と邪馬台国との交渉	b

aは後漢代の使者の報告書
bは魏の外交記録

をとっている。内容から考えてその文書は、司馬懿が倭国が大国であることを宣伝するために魏の宮廷に広めたものではあるまいか。

その文書の倭国の国情を記した部分の大筋は、使者の報告書を忠実に写したものであろう。しかし邪馬台国は帯方郡から一万二〇〇〇余里にあるとか、そこの国の戸数は七万余戸だとする記述などは、実情と異なる司馬氏の創作だと考えられる（216ページ参照）。

倭国の朝貢は司馬懿の二つの重要な功績の一つ

『三国志』は、諸葛亮の北伐を防いだことと倭国を朝貢させたことを司馬懿の二大功績とする立場をとっている。これは魏に代わって晋朝を立てた司馬氏の主張を、忠実に記したものである。

曹真が病没したため、二三一年の諸葛亮の第四次北伐に対して、司馬懿は、大将軍として全軍の指揮をとることになった。

かれは魏の明帝《めいてい》（曹叡《そうえい》）の「君でなければ託せる者はいない」という言葉を受けて、長安に向かった。このとき司馬懿が持久戦をとったために、蜀軍は兵糧が尽きて撤退せざるを得なかった。

二三四年に諸葛亮が第五次北伐で五丈原《ごじょうげん》に出てきたときも、司馬懿は持久策をとった。諸葛亮は婦人の髪飾りと喪服を送って「男らしく戦え」と司馬懿を挑発したが、司馬懿は動かなかった。そのためこの年の八月に、戦陣の激務に疲れた諸葛亮が病没をした。

後世の人がかれを哀れんだ、「秋風悲しき五丈原」という言葉が残っている。司馬懿は蜀軍が去った後の蜀軍の堂々たる陣立てを見て、「諸葛亮は天下の奇才である」と言った。

この蜀軍の侵攻が、魏の大きな危機であった点は確かである。これに較べれば卑弥呼の朝貢は大したことでないようにも思える。しかし前項に記したように、中国には古くから東方神仙境説があった。

そのため当時の魏の宮廷の人びとの多くは、はるか東方の邪馬台国の使者の来訪を、「かつて神仙境ともいわれた、礼の備わった大国の朝貢」と感じ、大いに喜んだ。

この感激は、次項に記すクシャーナ朝（大月氏国）の朝貢の喜びにまさるものであった。

43 大月氏国を従えた司馬懿の競争者、曹真

諸葛亮に敗れた曹真

司馬懿は軍事の面でも国政の面でもなみ外れた能力をもっていたが、曹操の存命中はその性格を警戒されて重用されなかった。司馬懿は利を説いて人を動かす弁舌に長じていた。しかし人を信用せず、手柄のある配下であっても気に入らないことがあると容赦なく粛正した。

かれは強者からは巧みに逃げ、弱者はとことん叩く戦法をとった。司馬懿の人間の器は、奇策を用いて何度も小勢で大敵を破った諸葛亮に遠く及ばない。諸葛亮には、才能ある多くの者を魅きつける人徳もあった。

二二六年に曹操の子の曹丕《そうひ》が没して、曹丕の子の曹叡が二代目の皇帝、明帝となった。司馬懿はこのときようやく才能をかわれて呉との戦いの前線の指揮官に任命

された。

一方の曹真は曹操の甥で、明帝に気に入られて大将軍として蜀との戦いの指揮官を委ねられていた。

曹真は辛くも諸葛亮の第一次と第二次の侵攻を防いだ。ところがかれは二二九年十二月の諸葛亮の第三次北伐のときに、武都《ぶと》、隠平《いんぺい》の二郡を奪われてしまった。

それにもかかわらず曹真は二三〇年に、大将軍の上の大司馬《だいしば》に任命された。これはかれが、第三次北伐での敗戦を越える手柄を上げたことによるものであった。

クシャーナ朝国王の朝貢が魏の西方を安定させた

曹真は軍事指揮官の能力では、諸葛亮の敵ではない。しかし、かれは蜀軍の数をはるかに上まわる、魏軍を率いていた。

諸葛亮は兵力の不利を補うために、西域の異民族やチベット系の氐族《てい》との連携を進めていた（133ページ参照）。異民族の何人かの君主は、蜀に援軍を送った。

これに対抗するために曹真は、西域諸国の背後にあるクシャーナ朝と同盟する策をとった。「西方の大国であるクシャーナ朝が魏についた」と知れば、西域の小国

図63　三国時代の西域の国々

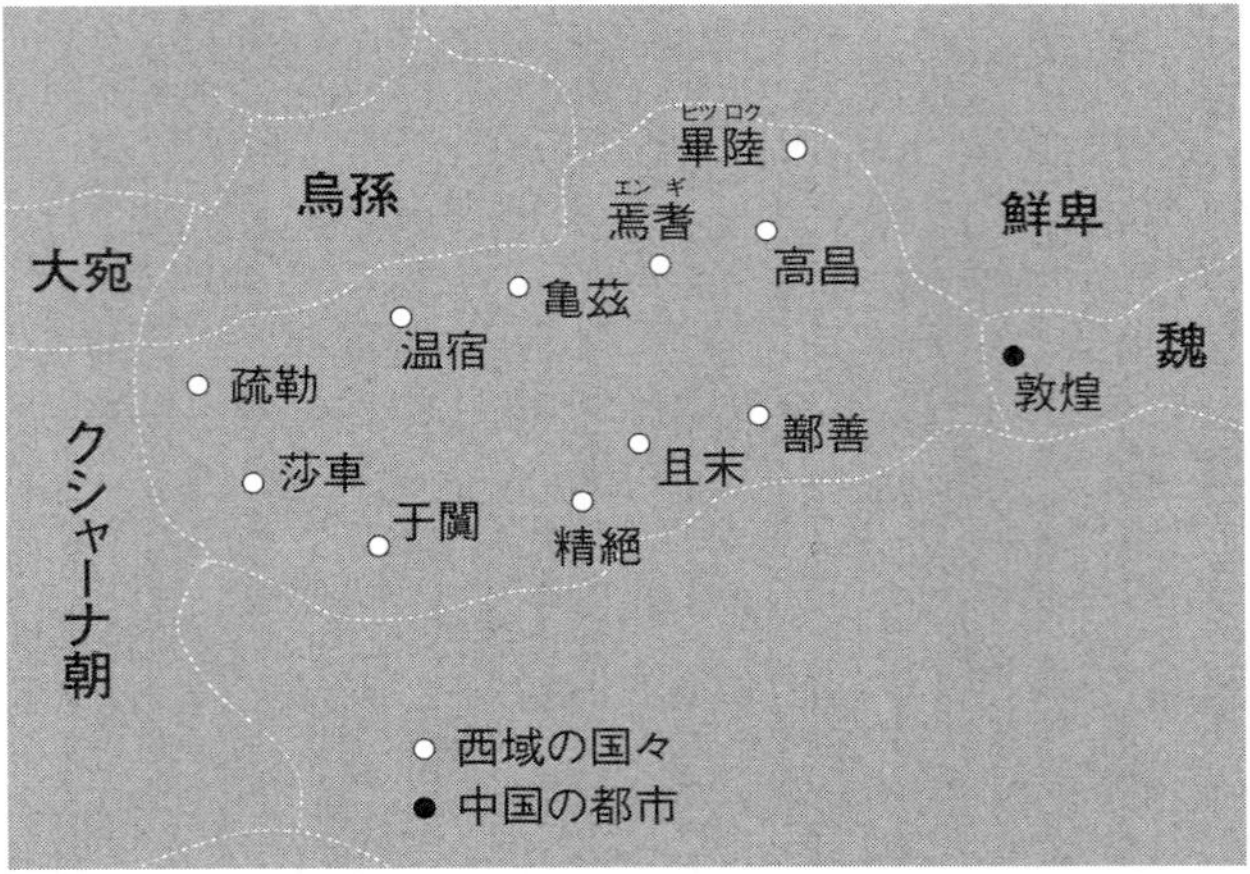

『増補版 標準世界史地図』（吉川弘文館）を参考に作成

は安易に蜀と呼応して魏に敵対できなくなる。

前（113ページ）に述べたように、イラン系もしくはトルコ系の民族がアム川方面に立てた大月氏国は、前漢代に西方の大国として知られていた。この大月氏国は、衰退して紀元前後に配下のクシャーナ族に領地を奪われた。

クシャーナ族は一世紀なかば頃にアフガニスタンにクシャーナ朝を立て、西北インドに侵入して勢力を拡大した。このような経緯によって中国では、クシャーナ朝はかつての大月氏国の後身とされて「大月氏国」

と呼ばれたのであった。

しかし実際には、前漢代の大月氏国とクシャーナ朝の王家は別物で、クシャーナ族は大月氏の一族ともバクトリアの土着民族ともいわれている。

二二九年一二月にクシャーナ朝のヴァースデーヴァ王が、「親魏大月氏王」とされている。曹真はこの手柄で翌年に大司馬となった。大月氏国を朝貢させたことは、二郡を失うのにはるかに勝る功績であった。司馬懿にとってこのような曹真は、目の上のこぶのような存在であった。

次項に記すような司馬懿の倭国への関心は、曹真への対抗心から出たものであった。

44 『三国志』の倭人に関する異様な関心

曹真を超える手柄を求めた司馬懿

司馬懿は、
「魏の宮廷で権力を握るためには、曹真を超える手柄を立てる必要がある」
と考えたのであろう。そのためかれは、東方の大国である倭国の朝貢を実現させたいと切望してそれを実現した。そのため司馬氏の意を受けて書かれた『三国志』は、東方の大国「倭国」の記述に多くの字数を割くことになった。

『三国志』の「異域伝《いいきでん》」（異民族の事情を記述した部分）は、「烏桓・鮮卑・東夷伝」から成る。そしてその中で最も詳細な記述をとるのが、一九八三字から成る「東夷伝」の中の「倭人伝」である。

鮮卑は北方の強国であるが、「鮮卑伝」の記述は一二三〇字にすぎない。「倭人伝」に次ぐのが、倭国と関係の深い「韓伝」の一四二七字である。「烏桓伝」を始めとするその他の国々の記述は七百余字から二百数十字の間になる。

倭国が『三国志』の中で、特別扱いされていたことがわかる。

図64　『三国志』異域伝の字数

民族名	字数
烏　桓	462字
鮮　卑	1,230字
扶　余	715字
沃　沮	678字
挹　婁	276字
濊	475字
韓	1,427字
倭　人	1,983字

渡邉義浩『魏志倭人伝の謎を解く』(中央公論社)を参考に作成

曹爽政権のときに行われた卑弥呼の朝貢

司馬懿が諸葛亮の北伐を退けた（198ページ参照）あと、魏の明帝は司馬懿の勢力拡大を恐れた。そのためかれは、曹真の子の曹爽を登用して司馬氏を抑えようとした。

この計画は司馬懿が公孫淵を攻めるため遼東郡への遠征に出発した（178ページ参照）あと、着々と進められた。ところが明帝が急逝し、曹芳《そうほう》（廃帝、斉王《せいおう》）が後を受ける事態となった。

それでも曹芳は二三九年二月に司馬懿を太傅《たいふ》（皇帝の指導役）という名誉職にまつり上げ、大将軍曹爽に政治の実権を握らせた。このあと約一〇年間、曹爽政権が続いた。卑弥呼の朝貢が行なわれた二三九年六月は、曹爽政権のさなかであった。

このあと二四九年の正月になって司馬懿は、皇太后（明帝の皇后で曹芳の継母）を担ぎ出し挙兵した。皇太后の命を奉じて洛陽を武力で征圧し、降伏してきた曹爽を処刑したのである。

曹芳と曹爽が先帝の墓参に行った間の、わずかな隙をついた出来事であった。

この経緯をみると、こういったことになる。

「邪馬台国の朝貢は、司馬懿が公孫氏を討ったためになされたものだが、卑弥呼の使者は曹爽政権のときに到着した」

しかし魏の宮廷の人びとは、

「邪馬台国の遣使は、司馬懿の手柄である」

とする合理的な考えをとっていたのである。

晋朝の歴史を記した『晋書』に、次のような記述がある。

「二四〇年正月、倭国その他の国々が朝貢を献上した。曹芳はその徳を太傅（司馬懿）のものとして、かれに新たな領地を授けた」

二三九年の卑弥呼の使者は、翌二四〇年の魏の宮廷の年賀の儀式に参列したうえで帰国している。

魏朝で倭国の朝貢が司馬懿の手柄とされていたので晋朝を顕彰する『三国志』は、倭国を大きく取り扱った。これに対して『三国志』では曹真の功績が意図的に削られていた。その詳細は、次項に記そう。

45 西方の国々の記述を意図的に落とした『三国志』

「西戎伝」のない不完全な『三国志』

前にも記したが、『三国志』にはシルクロード方面の国々のことを記した「西戎《せいじゆう》伝《でん》」がない。魏の時代には、この方面の大月氏国は倭国とならぶもっとも重要な国であった。シルクロード沿いの国々とも、貿易が行なわれていた。

陳寿は「東夷伝」の中で、『三国志』に烏桓伝、鮮卑伝、東夷伝しかないことを次のように言い訳している。

「『史記』や『漢書』は、朝鮮や両越《りようえつ》（ベトナム）のことを記している。また後漢のことを記述した『東観漢記《とうかんかんき》』には、西羌《せいきよう》（西戎）のことがみえる。

しかし魏の時代には匈奴は衰え、烏桓、鮮卑、東夷との往来が盛んになった。歴史の記述は、それぞれの時代に起こったことを伝えていくものである」

陳寿は西戎の国々について書けたのに、司馬氏の意向によって意図的に記さなかったのである。

『三国志』に先行する歴史書には西方の記述があった

『魏略』という歴史書がある。これは魚豢《ぎょけん》という学者の手によって、『三国志』より前に書かれたものである。その全文は伝わらないが、さまざまな文献に引用された『魏略』の記事がかなり残っている。

陳寿はこの『魏略』も手本にして、『三国志』をまとめた。裴松之《はいしょうし》という学者の『三国志』の註釈書には、長文の『魏略』西戎伝が引用されている。

この「西戎伝」には、西方の氐《てい》族の国々と蜀との親密な関係が記されている。さらに大月氏国はシルクロード沿いの遠方の大

図65　『三国志』に先行する歴史書

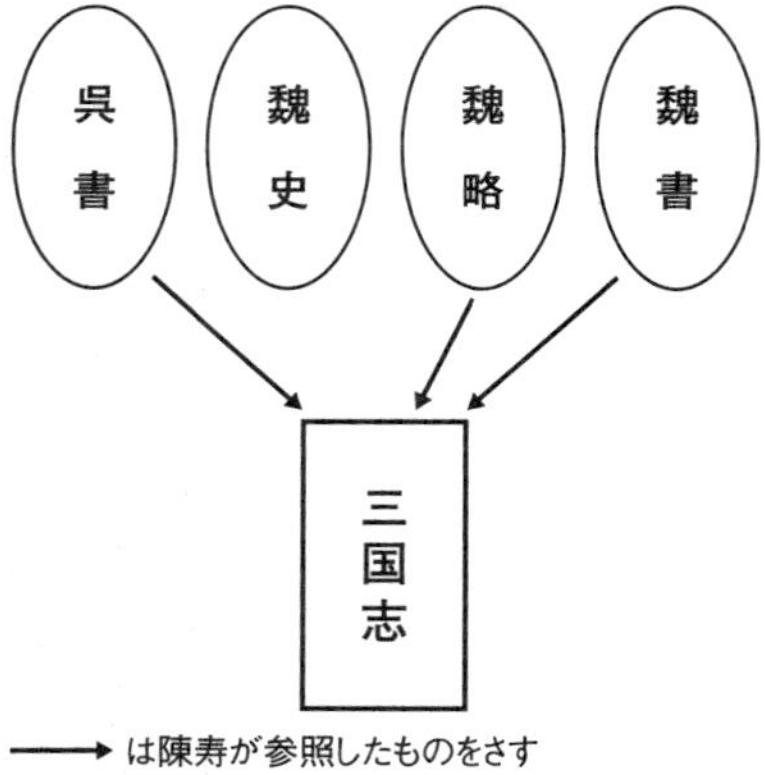

国で、中国の西南にあり、天竺《てんじく》国（インド）などを従えているともある。

陳寿は司馬氏と対立していた曹真と関係の深い大月氏国の記事を、意図的に省いたのである。このような『三国志』の性格を摑んだ上で、次項で倭国と魏の外交についてみていこう。

46

魏と倭国との親密な関係

大歓迎された卑弥呼の最初の使者

「魏志倭人伝」は、魏の外交担当の役所の記録の要所をほとんど省略せずに写したものとみてよい。「倭人伝」によれば、二三九年から二四七年までのわずか九年間に、倭国から魏に四回の使者が派遣されたことになる。

卑弥呼の使者が三回、台与の使者が一回である。これに対して魏の使者は、洛陽からではなく帯方郡から二回、倭国に送られた。

この使者の頻度は、平均一八年に一回となる遣隋使のそれよりはるかに高い。

何度も記したが、最初の遣使は、二三九年六月である。この使者は翌年、洛陽でひらかれた年賀の儀式に出たのちに帰国した。このときに魏は帯方郡から倭国に、卑弥呼を親魏倭王に任命した旨を告げる使者を送った。

図66　邪馬台国の４回の遣使

年代	使者	目的地	女王
239	難升米 都市牛利等	洛陽	卑弥呼
243	伊声耆 掖邪狗等８人	洛陽	卑弥呼
247	載斯 烏越等	帯方郡	卑弥呼
247	掖邪狗等20人	洛陽	台与

図67　洛陽の都跡

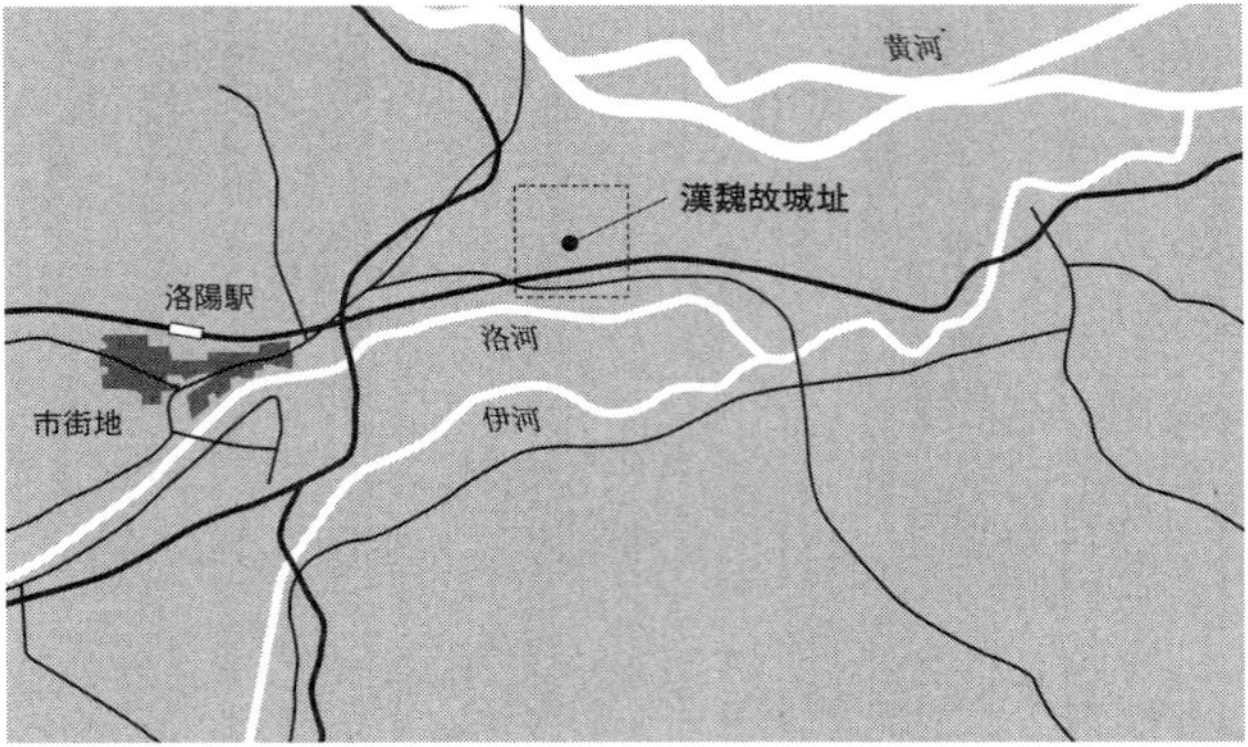

異民族の君主の朝貢に対して答礼の使者を送ることは、中国の皇帝の「遣使を歓迎する」という意志表示になる。

それに対して卑弥呼は、帰国する使者に謝意を述べる上表文を託した。このやりとりによって彼女は、魏に従う異民族の君主の中で最も上位のものとされたのである。

邪馬台国を応援した魏

最初の使者の派遣の四年後にあたる二四三年に卑弥呼の二度目の朝貢が行なわれた。中国の諸王朝は、君主への下賜品や使者の歓迎行事に莫大な費用がかかる異民族の朝貢を、ある程度制限していた。

後には遠方からの朝貢は三年に一度と定められていたから、二度目の朝貢はちょうど良い時期の遣使であったろう。

二四五年に魏は卑弥呼の家臣で一度目の遣使の使者を務めた難升米《なんしょうみ》に、官軍であることを示す黄幢《おうどう》（黄色い旗）を授けた。この旗は帯方郡に送られたが、たまたま韓人の反乱（184ページ）が起きて太守の弓遵が戦死した。そのためにそれは倭国に届けられず、帯方郡に留め置かれたままになった。

二四七年に、卑弥呼の三度目の遣使がなされた。帯方郡に新たな太守の王頎《おうき》が着任したためである。

この使者は、「邪馬台国とその南方の狗奴国《くなこく》との戦いが急をつげている」と報告するものであった。これに対して太守は、張政《ちようせい》という役人を倭国に送った。かれは黄幢を難升米に授けると共に、檄《げき》（命令書）を発して二国の争いをしずめさせる使命を与えられていた。これが魏から倭国への二度目の使者となる。

ところが張政が邪馬台国に着いたときに、卑弥呼はすでに死亡していた。檄によって狗奴国との戦いは終わったが、邪馬台国に内紛が起きた（42ページ）。

そして台与が立ってようやく国内が安定したとき、台与は帯方郡経由で洛陽に遣使して朝貢した。

これが、倭国の四度目の使者である。司馬懿の政権奪還が二四九年であるから、これまで記した倭国と魏の交渉は曹爽政権のもとで行なわれたことになる。

そうであっても魏朝でも晋朝でも、倭国の朝貢は司馬氏の手柄と考えられたのだった。次項にも記すが、卑弥呼を親魏倭王にするのは、曹爽にとっても都合の良いことであった。

47 東西の「親魏」王が治めた二つの国

異民族の君主の爵位の昇進は珍しい

陳寿の『三国志』は、親魏大月氏王と親魏倭王のみに「親魏」の付いた王号を用いている。これは大月氏王と倭国の重要度や力量が、同等だとされたことを示すものであった。

すぐ後に記すように、倭国は大月氏国と同等の大国と考えられていたのである。このような『三国志』の記述は、西晋の帝室、政府の公式見解であったと考えてよい。

中国の皇帝が王号を与えた君主は、少なくなかった。そのため魏朝は新たに王号の上に、特に魏が重んじた国に授ける「親魏某王」の称号を設けたのである。

この「親魏某王」は魏朝に限定されるもので、「親魏某王」であっても次の王朝で「親晋某王」とされる保証はなかった。

中国の王朝が対外戦略を有利にすすめるために、自国の味方となる君主に高い称号を授けた例は少なくない。魏は二四七年の高句麗遠征にあたって、いちはやく帰順して朝貢した濊公の不耐《ふたい》を、濊王としている。

親魏大月氏国王の称号は曹真が西方の大国である大月氏国（クシャーナ朝）を朝貢させたとき（２０１ページ）に新たに定められた特別のものである。

蜀と結ぶ西域諸国に対抗するために魏は大月氏国のはたらきに大きな期待をもっていた。そのため、それまでにない王号の上にくる親魏某王の称号をつくったのである。前にも記したが（２０４ページ）司馬懿はこのときの曹真の功績に対抗するために、卑弥呼の朝貢を実現させた。その功績を強調するために「倭国は大国である」と主張したのだ。

遠方の大国とされた邪馬台国

「魏志倭人伝」は、帯方郡から邪馬台国までの距離を一万二〇〇〇里と記す。これは魏の都、洛陽からみて邪馬台国を大月氏国とほぼ等距離におくために創作された数字である。倭国は大月氏国に匹敵する遠方の大国とされたのだ。

『後漢書』西域伝に、「大月氏国は、洛陽から一万六三七〇里にある」と記されている。そして洛陽から近い楽浪郡までは五〇〇〇里とされていた。帯方郡は楽浪郡からそう遠くないので、洛陽から邪馬台国までは一万七千数百里となる。

また、大月氏国の戸数は一〇万とされている。「魏志倭人伝」が記す邪馬台国の戸数は七万戸だが、倭国全体では一五万戸となり大月氏国の戸数よりかなり多い。

前（196ページ）に記したように「魏志倭人伝」の前半部分の大もとは、後漢代に伊都《いと》国を訪れた使者の報告書であった。

そして司馬氏がその報告書に誇大な距離や戸数を加筆して、倭国を大月氏国を超える礼の備わった大国だとする宣伝文書をつくったのである。このように「魏志倭人伝」の邪馬台国とは、中国の政争と絡んで中国史上に登場した「幻の大国」であった。次項以下で、卑弥呼の没後の邪馬台国や大和朝廷の発展について記そう。

図68　倭国の戸数

国　名	戸　数
対馬国	1,000戸余
一支国	3,000戸余
末盧国	4,000戸余
伊都国	1,000戸余
奴国	20,000戸余
不弥国	1,000戸余
投馬国	50,000戸余
邪馬台国	70,000戸余
合　計	150,000戸余

48 邪馬台国時代から大和朝廷の時代に

西晋の衰退が邪馬台国連合滅亡につながった

奴国、伊都国、邪馬台国の君主は、中国に朝貢することによって楽浪郡、帯方郡における貿易の主導権を握った。魏の爵位を受けなければ、卑弥呼は三〇の小国を統治できなかった。

中国では、

「世界の支配者である皇帝は、中国を頂点とした国々の秩序を維持する義務をもつ」

とされていた。中国の爵位を受けた君主に背く者は、皇帝の敵とされる。異民族の君主たちは貿易の利益の他に強大な中国の保護を求めて、遠方から朝貢してきたのである。

倭国の中の小国は中国が定めた秩序に従って、官爵をもつ卑弥呼に仕えねばならない。そのため狗奴国が邪馬台国に戦いを仕掛けたときに、魏朝は使者の張政を送って狗奴国王に邪馬台国に従うように教えた。

二六五年に魏が滅んで西晋が立ったため、邪馬台国の台与は二六六年に西晋に朝貢した（45ページも参照）。このとき台与は、「親晋倭王」とされたのではあるまいか。魏朝の中国で「倭国は大国である」と宣伝したのは、西晋の帝室となる司馬氏だったからだ。政権を奪った後で、

「あれは間違いだった」

と言っても通じない。晋朝の時代（西晋と東晋）を通じて司馬氏は、「倭国は大国である」とする嘘をつき通した。

しかしその西晋は八王族の反乱（八王の乱、三〇〇―〇六年）のあと急速に衰退し、三一六年に滅亡した。このような西晋朝の後退によって、北九州における邪馬台国の指導力は崩れていったと考えられる。三一〇年代後半には邪馬台国連合はなく、北九州は小国が分立する情況であったのかもしれない。

北九州を併合した大和朝廷

卑弥呼が魏と通交していた頃、大和に邪馬台国よりはるかに強大な大和朝廷が出現した（92ページ参照）。この大和朝廷の指導者である大王は、二二〇年頃に古墳を築き、新たな祭祀を始めた。それは首長霊信仰という、大王の先祖を神として祭るものであった。

この信仰は皇室の先祖である天照大神《あまてらすおおみかみ》を日本全体の守り神とする現在の神道に繋がるものである。

首長霊信仰は、大王に従う小国の首長（王）の先祖も神とする形をとった。その信仰は、弱小勢力の指導者にとっても都合が良かった。そこで商工業の発展した大和朝廷との交易を望む各地の首長が形の上で大王に従い、大王の古墳より小型の古墳を築くようになった。

私は三世紀なかばには邪馬台国を中心とした北九州の交易圏と、大和を中心とする畿内周辺の交易権がならび立っていたと考えている。この時点では大陸産の出土品が九州に分布していた。このことからみて、大和以西の勢力が邪馬台国連合をつ

図69　北九州の発生期の古墳

古墳名	所在地	形	全長	年代
那珂八幡古墳	福岡県福岡市	前方後円墳（前期纏向型）	72m	300
津古生掛古墳	福岡県小郡市	前方後円墳（前期纏向型）	32m	300
赤塚古墳	大分県宇佐市	前方後円墳	40m	310
原口古墳	福岡県筑紫野市	前方後円墳（後期纏向型）	86.4m	320
石塚山古墳	福岡県刈田町	前方後円墳	120m	320
銚子塚古墳	福岡県糸島市	前方後円墳	102m	330
忠隈古墳	福岡県飯塚市	円墳	35m	330
香住ヶ丘古墳	福岡県福岡市	円墳	未調査	330

くっていたとは考えにくい。

古墳の広まりからみて、大和朝廷は三二〇年頃（四世紀はじめ）に北九州を勢力圏に組み入れたとみられる。この時点で邪馬台国はすでに、平凡な小国の一つとなっていたろう。次項では、四世紀の大和朝廷の発展についてみていこう。

49 謎の四世紀と邪馬台国

朝鮮半島南端との貿易で繁栄した大和朝廷

台与の最後の朝貢が二六六年で、倭の五王の最初の遣使は四二一年になる。この間、中国の文献に、日本の動静は記されていない。

『晋書』は四一三年に倭が朝貢したと記すが、それは百済王が大和朝廷に無断で倭を称した使者を送ったものと考えられている。

古代史研究者のなかには日本のことが中国の文献にみえない時期を、「謎の四世紀」と呼ぶ者もいる。そして考古資料や断片的な文献から、大和朝廷はこの四世紀に大きく発展したことがわかる。

大和朝廷の本拠地である纏向《まきむく》遺跡の規模は、四世紀に拡大した。そしてそこからは、帯方郡産や南関東産の土器まで出土するようになる。帯方郡の土器は朝鮮半島

図70　纏向に土器を送った地域

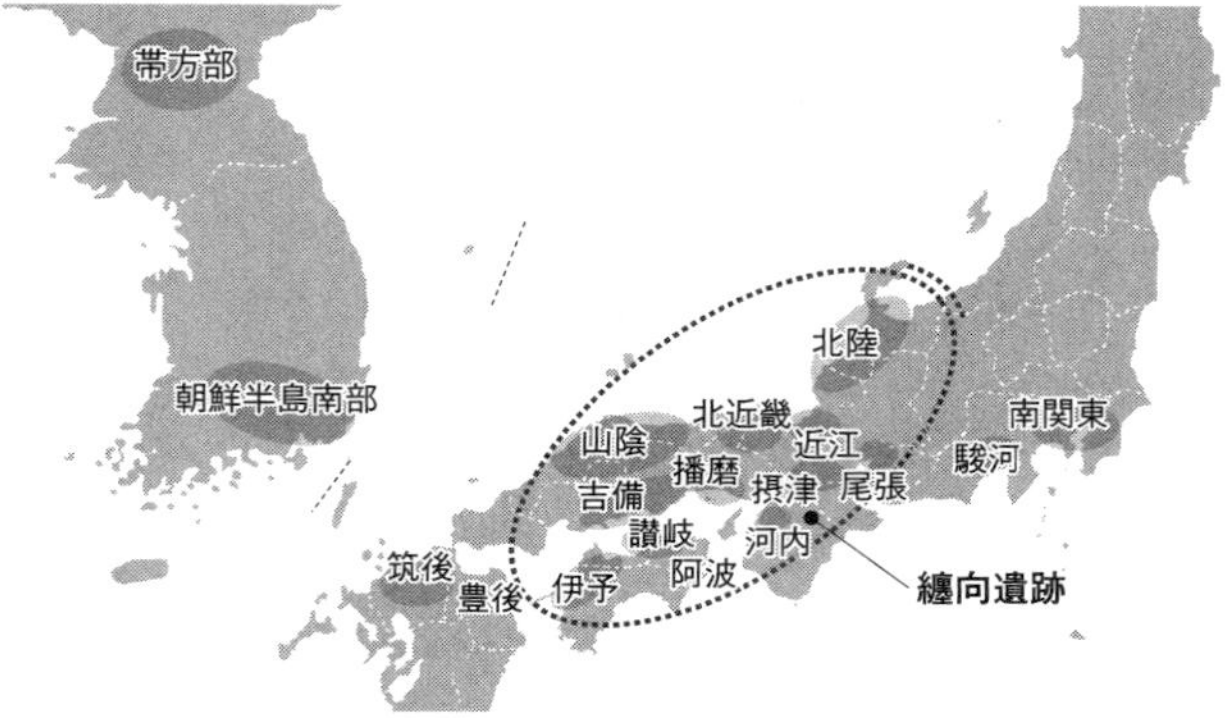

（出典：『歴史人』2013年6月号）

南端の加耶《かや》経由で入ったものであろうが、大和朝廷が四世紀に関東地方南端から加耶にいたる広い範囲の集団と交易していたありさまがわかる。

古墳の分布から三〇〇年頃の大和朝廷の勢力圏は東海地方から瀬戸内海沿岸を経て九州北東岸にいたる範囲であったとみられる。それが四世紀に大きく拡大し、四〇〇年頃には関東地方南部から九州北半部の領域となった。

大和朝廷は西日本をほぼ確保し、日本統一へのみちを歩み始めたのであった。邪馬台国を従えたあと加耶との交易権を握ったことが、大和朝廷を大きく発展させた。大和朝廷が四二〇年代頃から金官加耶国の鉄

図71　大和朝廷の勢力圏の広まり

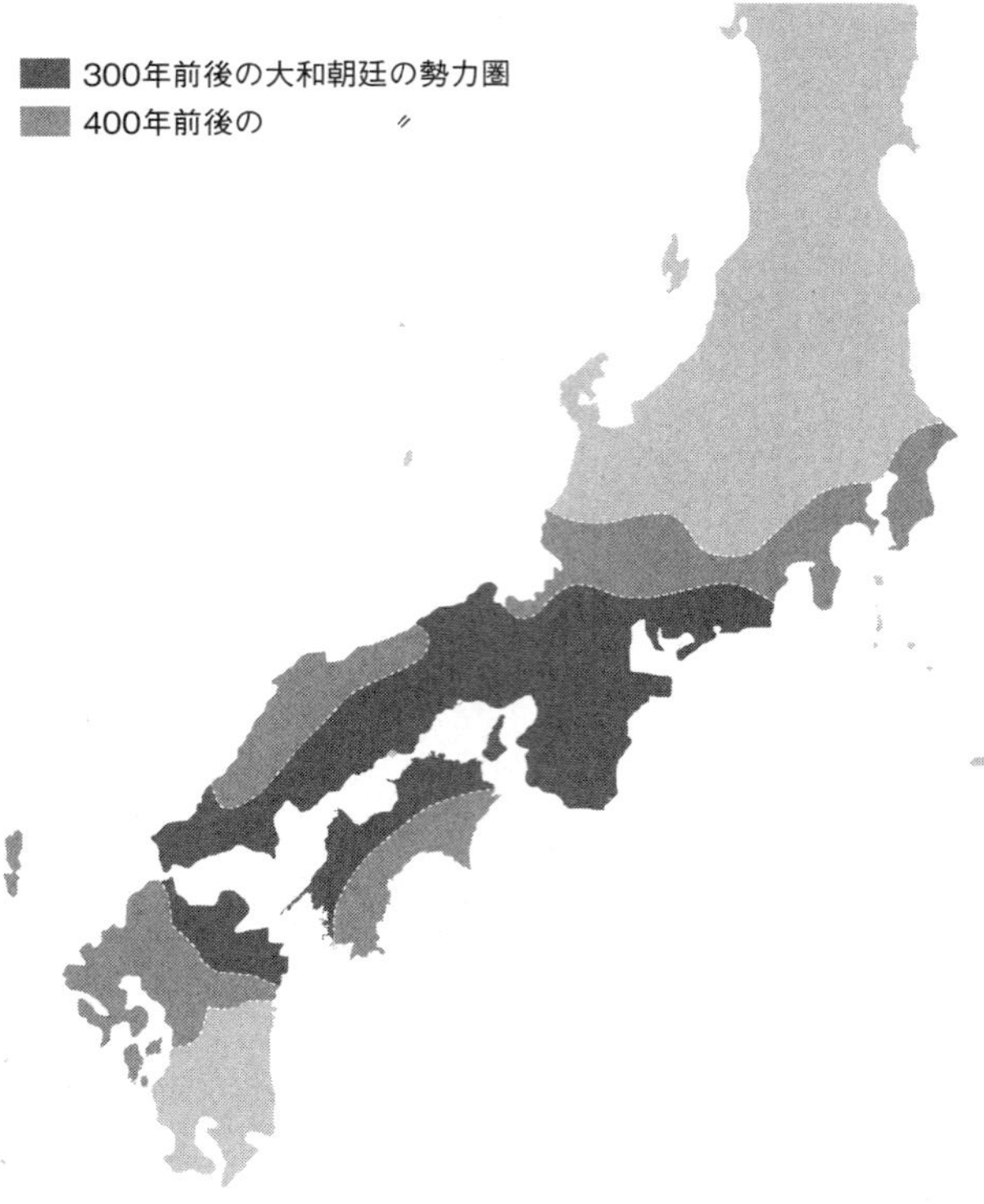

を大量に輸入して各地に広めたことが、考古資料によって確認できる。

高句麗広開土王と戦った大和朝廷

四世紀後半の朝鮮半島では勢力を拡大する高句麗が百済に圧力をかけていた。そのため百済の近肖《きんしょう》古《こ》王《おう》は日本と提携して国を守ろうと考え、三六四年に加耶の中の卓淳《とくじゅん》という小国に使者を送った。

このことがきっかけで日本と百済の国交が始まった。三六九年には百済から倭王

図72 百済と倭の関係年表

年代	出来事
三六四	百済の近肖《きんしょう》古《こ》王《おう》が日本との国交を開くために加耶《かや》の卓淳《とくじゅん》に使者を送る
三六六	日本の使者、爾波移《にはや》が卓淳を経て百済に来る
三六七	百済の近肖古王が日本に久氏を派遣して日本に従う
三六九	日本の職麻那那加比跪《しくまななかひく》が百済を訪れる。近肖古王は久氏に職麻那那加比跪を日本に送らせ、日本に七支《しちし》刀と七子《しちし》鏡を贈った。

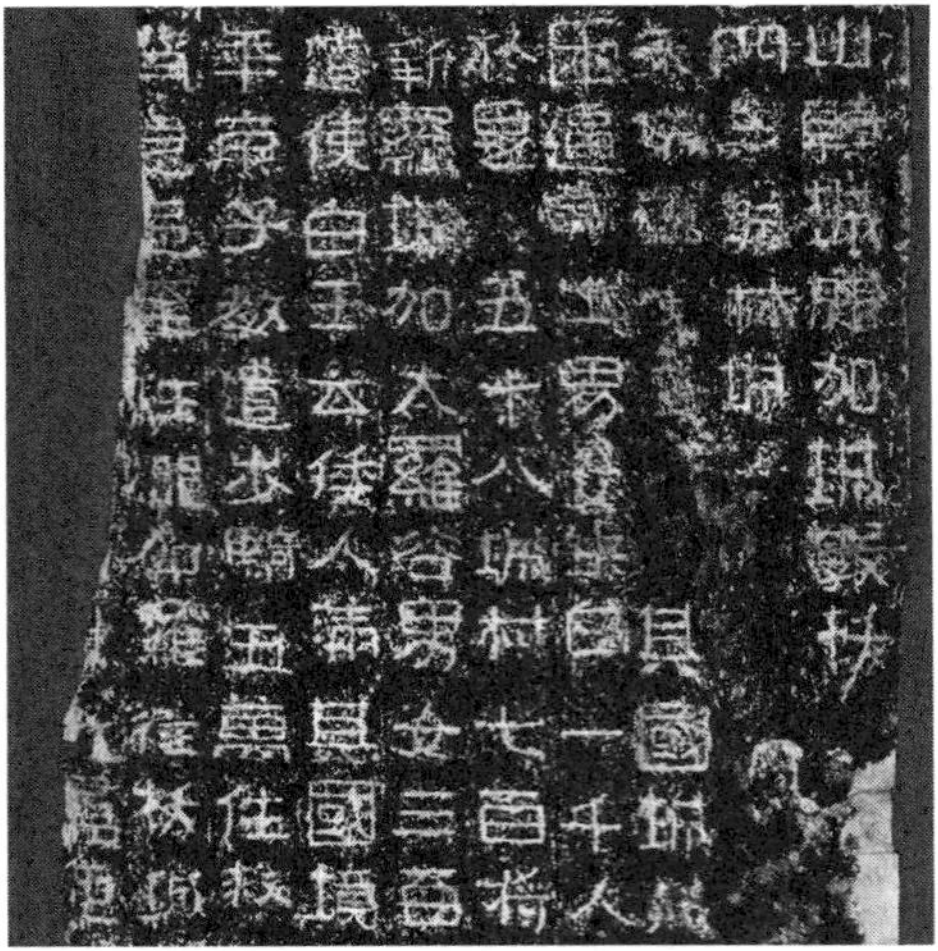

「広開土王碑文」拓本（お茶の水女子大学所蔵）

旨《し》に七支刀《しちしとう》という六本の枝をもつ珍しい刀が送られた。旨は応神《おうじん》天皇とされており、七支刀は奈良県天理市石上《いそのかみ》神宮に所蔵されている。

四世紀後半には日本は、新羅にもたびたび出兵した。そのため百済も新羅も、日本の軍事力の影響下に置かれるようになった。

三九一年に、高句麗に広開土王《こうかいどおう》というなみ外れて優れた指導者が出た。かれは王位に就いた翌年から百済への出兵を繰り返し、三九六年にいったん百済を降伏させて王弟を人質に取ったという。

しかし日本もこのあと何度も朝鮮

図73　広開土王時代の高句麗

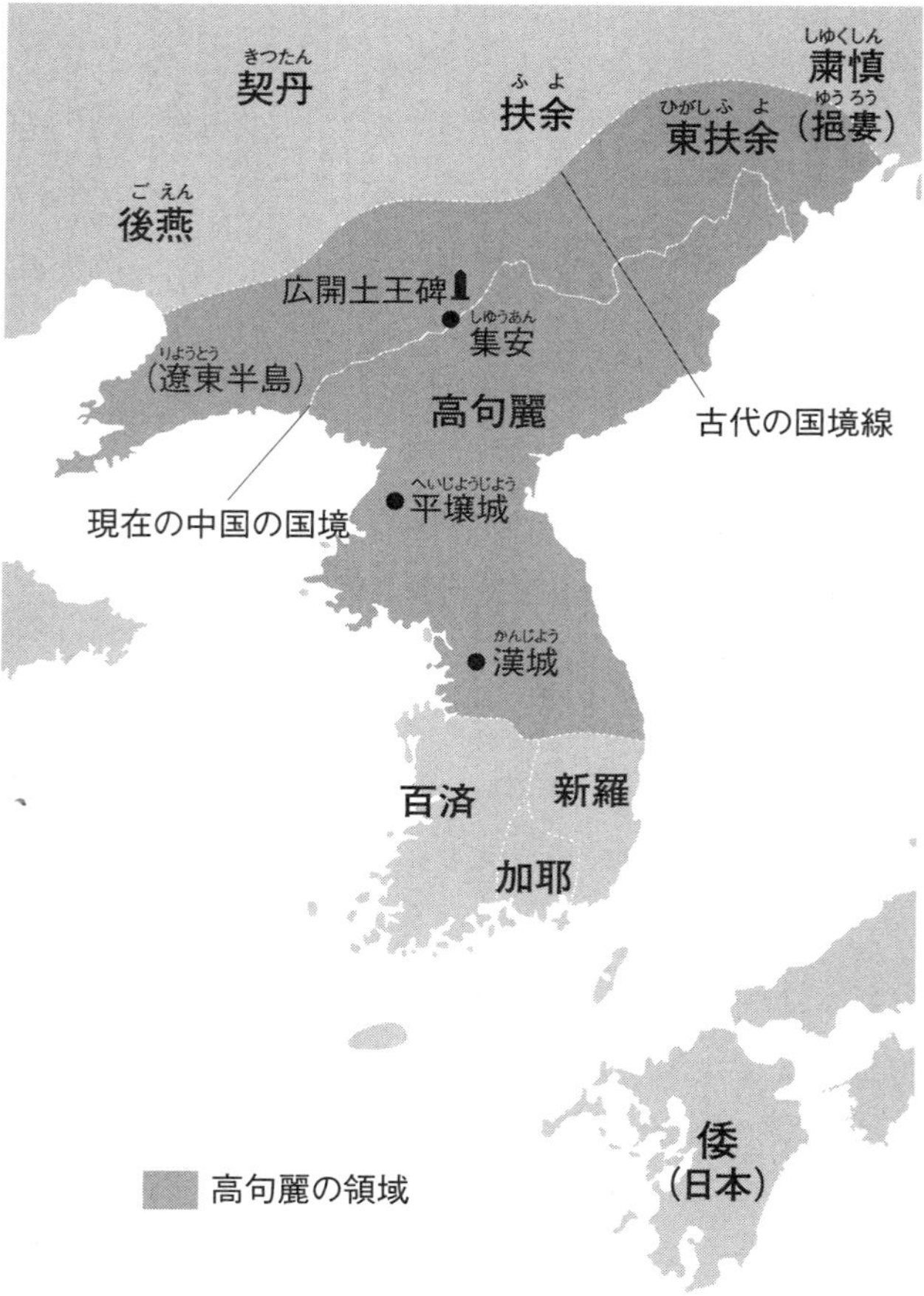

半島に攻め込み、高句麗と戦った。日本への百済王家からの人質も送り続けられた。このあたりの日本と高句麗の戦いは、『広開土王碑文』に詳しく記されている。次項に述べるように、日本は高句麗との戦いを有利に進めるために再び中国への朝貢を始めた。

50

倭の五王と五世紀の大和朝廷

倭の五王が望んだ朝鮮半島南部の支配権

五世紀に中国に遣使した五人の大王は、「倭《わ》の五王《ごおう》」と呼ばれている。かれらの時代の中国は、異民族が立てた北朝と中国民族の皇帝が治める南朝とに分かれていた。

南朝の最初の王朝は、西晋朝の王族が開いた東晋朝である（138ページ参照）。この東晋朝の終わり近くに倭の朝貢が記されているが、そこには倭の君主に官爵を与える記事がない。そのためそれが倭の君主（大王）の正式の使者でなかった可能性が高い（222ページ）。

四二〇年に東晋朝が倒れて、宋朝（劉宋朝）が立った。この翌年に倭王讃《さん》と名乗る者の使者が宋朝に朝貢した。かれはこのとき爵号を与えられた、と記されている。おそらく正式に倭王とされたのであろう。

倭王讃は、仁徳天皇と考えられている。かれは応神天皇（倭王旨《し》）の子である。大和朝廷は高句麗との勢力争いを有利にするために、中国に通交したのであろう。高句麗もこれ以前から南朝に朝貢していたから、大和朝廷は中国から

「高句麗が官軍で日本が賊軍である」

とされるのを避けようとしたのである。

司馬氏が立てた東晋朝は、邪馬台国の君主を日本の正統の支配者とする立場をとっていたろう。そのため仁徳天皇（倭王讃）は、宋朝が立つのを待って遣使したと

図74　南北朝時代の中国

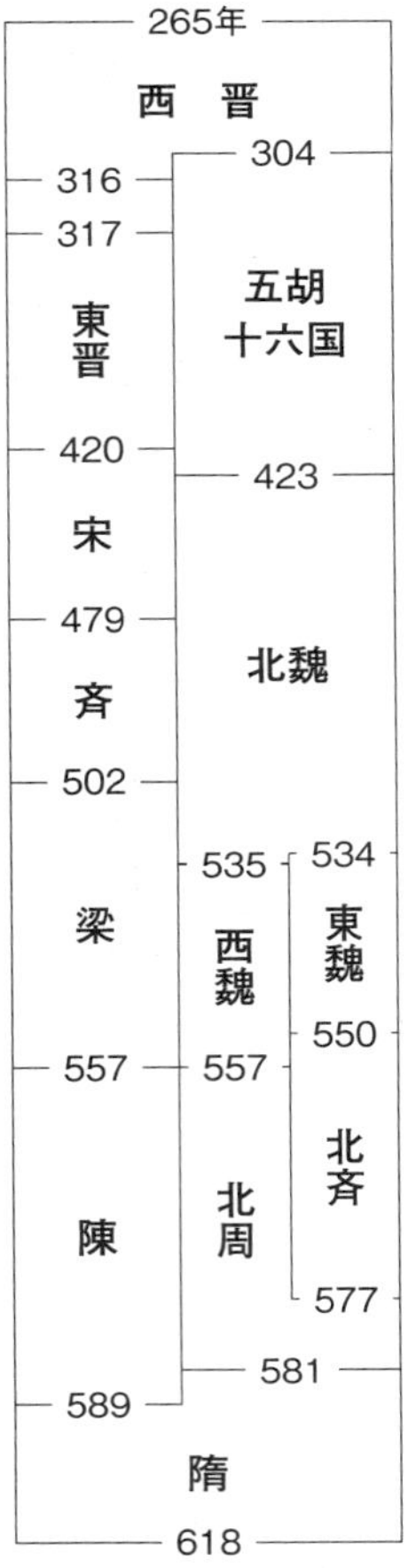

みてよい。

五世紀末から中国と距離を置くようになった大和朝廷

仁徳天皇の時代にあたる五世紀はじめに、大阪平野の農地開発が進み大和朝廷の勢力が大幅に拡大した。さらにその前後に百済や加耶から移住してきた渡来人の技術者によって製陶、製鉄、金属加工、絹織物などの先進技術が広められた。

地方豪族に対する王家の指導力も高まり、朝鮮半島南部は日本の勢力圏となった。そのため五世紀なかば頃の大和朝廷は自国を「中国の東方の大国」と考えるようになってきた。これは自らを「魏朝の保護のもとの小勢力」と考えていた卑弥呼とは、大違いである。

倭王讃のあとを嗣いだ倭王珍は四三八年に、

「使持節《しじせつ》、都督倭《ととくわ》・百済《くだら》・新羅《しらぎ》・任那《みまな》・秦韓《しんかん》・慕韓六国諸軍事《ぼかんりつこくしょぐんじ》、安東大将軍《あんとうだいしょうぐん》、倭国王《わこくおう》」

と自称して宋朝に遣使した。自称した官爵をそのまま認めてほしいと要求したのである。

官爵を授ける権限を持つのは、中国皇帝ただ一人である。自国内で偉そうな君主号をつくるのは勝手だが、異民族の君主に中国の官爵を自称する権限はない。

倭王は中国皇帝に対して、大そう無礼な行動をとったことになる。しかし北朝と睨《にら》み合っていた宋朝には、遠方の日本に軍勢を送って懲《こ》らしめる力はない。そこで宋朝は渋々、倭王珍を「安東将軍、倭国王」にした。倭王珍は、仁徳天皇の子の履《り》中《ちゅう》天皇とされる。

安東将軍は、高句麗王や百済王が持つ将軍号より下位のものである。このあと何度か倭王の朝貢はあったが、大和朝廷は宋朝が自国を百済より下に置いているのがわかってきた。

魏朝は自らの力で東夷世界の秩序を維持しようとしていたが、南朝には朝鮮半島の国々に圧力をかける気はないらしい。中国に見切りをつけた大和朝廷は、使者の派遣を停止した。

四七八年の倭王武の朝貢が、最後の遣使となる。倭王武は、雄略《ゆうりやく》天皇にあたる。かれは履中天皇の甥もしくは孫にあたる。

雄略天皇の頃から、大王を「一つの天下のあるじ」とする考えが広まった。大和

図75　倭の五王の時代の東アジア

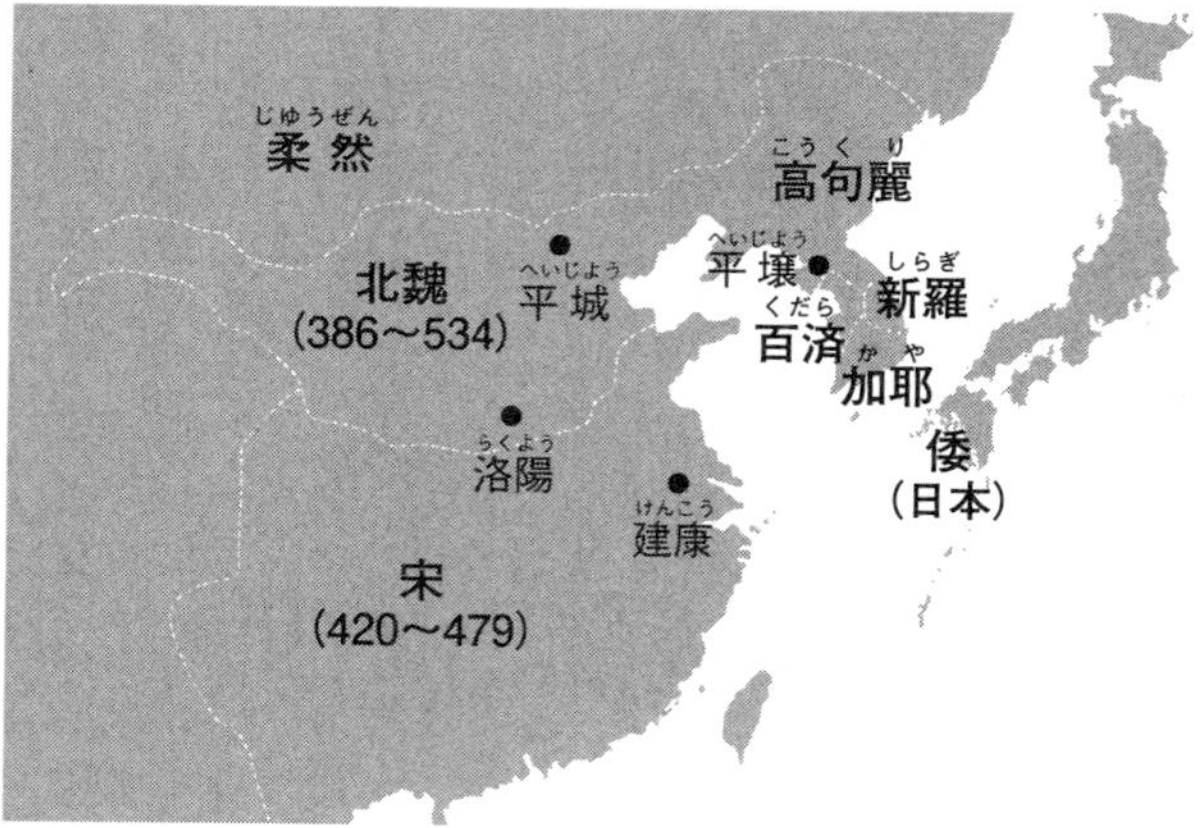

朝廷は、六世紀に意欲的に国内統一を進めていった。さらに七世紀には聖徳太子の指導のもとに、六〇七年に中国の皇帝(天子)と対等の「日出《ひい》ずる処《ところ》の天子《てんし》」と名乗って中国の隋《ずい》朝に使者を送るまでになったのである。

『魏志倭人伝』訓読文

1、邪馬台国への行程

倭人は、帯方の東南の大海の中に在りて、山島に依りて国邑《こくゆう》を為す。旧《もと》は百余国、漢の時朝見する者有り。今、使訳《しやく》通う所、三十国。

郡自《よ》り倭に至るには、海岸に循《したが》いて水行して、韓国を歴《へ》て、乍《さ》南《なん》乍《さ》東《とう》してその北岸、狗邪韓国《くやかんこく》に到る。七千余里なり。

始めて一海を度《わた》りて千余里にして対馬《とま》国に至る。其の大官は卑狗《ひく》と曰《い》い、副は卑《ひ》奴母離《なもり》と曰う。居る所は、絶島、方四百余里計りなり。土地は山険《けわ》しく、深林多く、道路は禽鹿《きんろく》の径の如し。千余戸有りて、良田無く、海物を食して自活し、船に乗りて南北に市糴《してき》す。

又南、一海を渡ること千余里、名を瀚海《かんかい》と曰う。一支《いき》国に至る。官は亦《また》卑狗と曰い、副は卑奴母離と曰う。方三百里可《ばか》りなり。竹木叢林多く、三千許りの家有りて、差《やや》田地有り。田を耕すも猶《なお》食うに足らず、亦南北に市糴す。

又一海を渡り、千余里にして末盧《まつろ》国に至る。四千余戸有りて山海に浜《ひん》して居《す》み草木茂盛《もせい》して行くに前人を見ず。好く魚鰒《ぎょふく》を捕え、水の深浅と無く、皆沈没して之を取る。

東南に陸行五百里、伊都《いと》国に到る。官は爾支《にき》と曰い、副は泄謨觚《せもこ》・柄渠觚《へここ》と曰う。千余戸有り。世々王有るも、皆女王国に統属す。郡の使、往来するに常に駐《どど》まる所なり。

東南奴《な》国に至る百里、官は兕馬觚《しまこ》と曰い、副は卑奴母離と曰い、二万余戸有り。

東行不弥《ふみ》国に至る百里、官は多模《たも》と曰い、副は卑奴母離と曰い、千余家有り。

南投馬《つま》国に至る。水行二十日、官は弥弥《みみ》と曰い、副は弥弥那利《みみなり》と曰い、五万余戸可り。

南邪馬台国に至る。女王の都する所なり。水行十日、陸行一月。官に伊支馬《いきま》有り、次は弥馬升《みまそ》と曰い、次は弥馬獲支《みまかき》と曰い、次は奴佳鞮《ぬかて》と曰い、七万余戸可りなり。

女王国自り以北は、その戸数・道里は略載を得可《うべ》きも其の余の旁国は、遠絶にして、詳を得可からず。次に斯馬《しま》国有り、次に巳百支《いもき》国有り、次に伊邪《いざ》国有り、次に都支《つき》国有り、次に弥奴《みな》国有り、次に好古都《ここつ》国有り、次に不呼《ふこ》国有り、次に姐奴《そな》国有り、次に対蘇《つそ》国有り、次に蘇奴《そな》国有り、次に呼邑《こお》国有り、次に華奴蘇奴《かなそな》国有り、次に鬼《き》国有り、次に為吾《いご》国有り、次に鬼奴《きな》国有り、次に邪馬《やま》国有り、次に躬臣《きし》国有り、次に巴利《はり》国有り、次に支惟《しい》国有り、次に烏奴《うな》国有り、次に奴《な》国有り、此れ女王の境界の尽くる所なり。其の南に狗奴《くな》国有りて、男子を王と為し、其の官に狗古智《くこち》卑狗《ひこ》有り。女王に属さず。郡自り女王国に至る万二千余里なり。

2、倭国と会稽・海南島との比較

男子は大小と無く、皆黥面文身《げいめんぶんしん》す。古《いにしえ》自り以来、其の使の中国に詣《いた》るや、皆、自ら大夫《たいふ》と称す。夏后少康《かこうしょうこう》の子が会稽《かいけい》に封ぜられ、断髪文身し、以《も》って蛟竜《こうりゅう》の害を避く。今、倭の水人《すいじん》は好く沈没して魚蛤《ぎょこう》を捕え、文身し、亦以って大魚水禽《すいきん》を厭《いと》い、後稍《やや》以って飾りと為す。

諸国の文身は各々《おのおの》異なり、或いは左に或いは右に、或いは大に或いは小に、尊卑に差有り。其の道里を計るに、当《まさ》に会稽・東冶《とうや》の東に在るべし。

其風俗は淫ならず、男子は皆露紒《ろけい》して木緜《もくめん》を以って頭に招《か》く。其の衣は横幅《おうふく》を、但《ただ》結束して相連《あいつら》ね、略《おおむ》ね縫うこと無し。婦人は、被髪屈紒《ひはつくつけい》し、衣を作ること単被《たんぴ》の如し、其の中央を穿《うが》ち、頭を貫《つらぬ》きてこれを衣《き》る。禾稲《かとう》・紵麻《ちょま》を種《う》え、蚕桑《さんそう》・緝《し》績《せき》して細紵《さいちょ》・縑緜《けんめん》を出《い》だす。

其の地には牛・馬・虎・豹《ひょう》・羊・鵲《じゃく》無し。兵には、矛《ほこ》・盾《たて》・木弓を用う。木弓は下を短く上を長くし、竹箭《ちくせん》或いは鉄鏃《てつぞく》或いは骨鏃《こつぞく》にして、有無《うむ》する所は、儋耳《たんじ》・朱崖《しゅがい》と同じ。

3、倭国の習俗と産物

倭の地は温暖にして、冬夏、生菜を食し、皆徒跣《とせん》なり。居室有り、父母兄弟臥息するに、処異なる。朱丹《しゅたん》を以《も》って其の身体に塗ること、中国での粉を用うるが如し。食飲には籩豆《へんとう》を用いて手食す。

其の死するや、棺《かん》有りて槨《かく》無く、土を封《も》りて冢《つか》を作る。始め死するや、喪《も》を停《とど》むること十余日、時に当りて肉を食わず、喪主は哭泣《こくきゅう》し、他人は就《つ》きて歌舞飲酒す。已《すで》に葬《ほうむ》れば、家を挙げて水中に詣《いた》りて澡浴《そうよく》し、以って練沐《れんもく》の如くす。其の行来、渡海して中国に詣《いた》るに、恆《つね》に一人をして頭を梳《くしけずら》ず、蟣蝨《きしつ》を去らず、衣服は垢汚《こうお》し、肉を食わず、婦人を近づけずに喪人《そうじん》の如くせしめ、之を名づけて持《じ》衰《さい》と為す。若し行く者、吉善なれば、共に其れに生口《せいこう》・財物を顧《むく》う。若《も》し疾病有り、暴害に遭《あ》えば便《すなわ》ち之を殺さんと欲す。其の持衰謹《つつし》まずと謂《い》うなり。

真珠・青玉を出《い》だす。其の山には丹有り。其の木には柟・杼《ちょ》・豫樟《よしょう》・楺《じゅう》・櫪《れき》・投《とう》・橿《きょう》・烏号《うごう》・楓香《ふうこう》あり。其の竹には、篠《じょう》・簳《かん》・桃支《とうし》有り。薑《きょう》・橘《きつ》・椒《しょう》・蘘荷《じょうか》有るも、以って滋味と為すを知らず。獮猴《びこう》・黒雉《こくち》有り。

其の俗、事を挙《おこな》い、行き来するに、云為《うんい》する所有れば、輒《すなわ》ち骨を灼《や》きて卜《ぼく》し、以って吉凶を占うに、先ず卜する所を告ぐ。其の辞《じ》は、令亀《れいき》の法の如く、火坼《かたく》を視て兆《ちょう》を占う。

其の会同坐起《かいどうざき》するに、父子男女の別無し。人の性、酒を嗜《たしな》む。大人《たいじん》の敬せらるる所を見れば、但《ただ》手を搏《う》ち、以って跪拝《きはい》に当《あ》つ。其の人の寿考《じゅうこう》、或いは百年、或いは八九十年。

其の俗、国の大人は皆四、五婦、下戸《げこ》は或いは二、三婦。婦人は淫《いん》せず、妒忌《とき》せず。盗窃《とうせつ》せず、諍訟《そうしょう》少なし。其の法を犯すや、軽き者は其の妻子を没し、重き者は其の門戸を滅す。宗族《そうぞく》の尊卑《そんぴ》に及ぶや、各《おのおの》差序《さしょ》有りて、相い心服するに足る。租賦《そふ》を収むるに邸閣《ていかく》有り。国々に市有りて、有無を交易し、大倭《たいわ》を使《つか》わして之を監《かん》せしむ。

女王国自《よ》り以北には、特に一の大率《だいそつ》を置きて、諸国を検察せしむ。諸国、之を畏《い》憚《たん》す。常に伊都国に治《と》まり、国中に於て刺史《しし》の如き有り。王が使を遣わして京都・帯方郡・諸韓国に詣《いた》り、及び郡の倭国に使するや、皆津《つ》に臨みて捜露《そうろ》し、文書・賜遺の物を伝送して女王に詣るに、差錯《ささく》するを得ず。

下戸が大人と道路に相い逢えば、逡巡《しゅんじゅん》して草に入る。辞を伝え事を説くに、或いは蹲《うずくま》り、或いは跪《ひざまず》き、両手は地に拠《よ》り、之が恭敬《きょうけい》を為す。対応の声は噫《い》と曰い、比するに然諾《ぜんだく》の如し。

4、卑弥呼共立

其の国、本《もと》は亦《また》男子を以って王と為す。住《とどま》ること七八十年、倭国乱れて、相攻伐《こうばつ》すること年を歴《へ》る。乃《すなわ》ち、共に一女子を立てて王と為し、名づけて卑弥呼《ひみこ》と曰う。鬼道《きどう》に事《つか》えて能《よ》く衆を惑わす。年已《すで》に長大なるも、夫壻《ふせい》無く、男弟《だんてい》有りて佐《たす》けて国を治む。

王と為りて自り以来、見る有る者、少なし。婢《ひ》千人を以って自ら侍《じ》せしむ。唯、男子一人有りて飲食を給し、辞を伝えて出入す。居処《きょしょ》の宮室楼観《ろうかん》には、城柵厳しく設け、常に人有りて兵を持《じ》して守衛す。

5、倭国周辺の国々

女王国の東へ海を渡ること千余里、復《ま》た国有り。皆倭種《わしゅ》なり。又侏儒《しゅじゅ》の国有りて、其の南に在り。人の長《たけ》三、四尺。女王を去ること四千余里。又、裸国《らこく》、黒歯国《こくしこく》有りて復た其の東南に在り。船行一年にして至る可し。倭の地と参問《さんもん》すると、海中の洲島《しゅうとう》に絶在《ぜつざい》し、或いは絶え、或いは連なり、周旋《しゅうせん》五千余里可《ばか》りなり。

6、魏と邪馬台国との交渉

景初《けいしょ》二年六月、倭の女王、大夫難升米《なんしょうみ》等を遣わして郡に詣《いた》らしめ、天子に詣りて朝献《ちょうけん》せんことを求む。太守劉夏《りゅうか》、吏を遣わして将《もっ》て送りて京都に詣らしむ。

其の年の十二月、詔書して、倭の女王に報じて曰く。

親魏倭王《しんぎわおう》卑弥呼に制詔《せいしょう》す、帯方の太守劉夏、使を遣わして汝の大夫難升米・次使都市牛利《としぐり》を送り、汝が献ずる所の男生口四人、女生口六人、班布《はんぷ》二匹二丈を奉じ以って到る。汝の在る所、踰《はる》かに遠きも、乃《すなわ》ち使を遣わし貢献するは、是れ汝の忠孝なり。我、甚だ汝を哀《いとお》しむ。今、汝を以って親魏倭王と為し、金印紫綬《きんいんしじゅ》を仮《さず》け、装封《そうふう》して帯方太守に付して、汝に仮綬《かじゅ》せしむ。其れ種人《しゅじん》を綏撫《すいぶ》し、勉《つと》めて孝順を為せ。汝の来使難升米・牛利は、遠きに渉《わた》りて道路に勤労せり。今、難升米を以って、率善中郎将《そつぜんちゅうろうしょう》と為し、牛利を率善校尉《こうい》と為し、銀印青綬《ぎんいんせいじゅ》を仮け、引見労賜《ろうし》して遣《おく》り還《かえ》さしめん。今、絳地《こうち》の交竜錦《こうりゅうきん》五匹、絳地の縐粟罽《すうそくけい》十張、蒨絳《せんこう》五十匹、紺青《こんせい》五十匹を以って、汝が献貢する所の直《ち》に答えん。又、特に汝に紺地の句文錦《くもんきん》三匹・細班華罽《さいはんかけい》五張・白絹五十匹・金八両・五尺刀二口・銅鏡百枚・真珠・鉛丹各々五十斤《きん》を賜い、皆装封《そうふう》して難升米・牛利に付して、還り到らば録受せしめん。悉《ことごと》く以って汝の国中の人に示し、国家の汝を哀《いとお》しむを知らしむ可し。故に鄭重《ていちょう》に汝の好物を賜うなりと。

正始元年、太守弓遵《きゅうじゅん》、建中校尉《けんちゅうこうい》梯儁《ていしゅん》等を遣わして詔書の印綬を奉じて倭国に詣らしめ、倭王に仮《さず》け拝《あた》え、并《あわ》せて詔を齎《もたら》し、金・帛《はく》・錦罽《きんけい》・刀・鏡・采《さい》物を賜う。倭王、使に因《よ》りて上表して、詔恩を答謝す。

其の四年、倭王復《ま》た、使の大夫伊声耆《いせいき》・掖邪狗《やくやく》等八人を遣わして、生口・倭錦・絳青縑《こうせいけん》・緜衣《めんい》・帛布・丹木・狧《ふ》・短弓矢《たんのゆみや》を上献す。掖邪狗等、壱《いっ》に率善中郎将の印綬を拝《さず》く。

其の六年、詔して倭の難升米に黄幢《こうどう》を賜い、郡に付して仮授せしむ。

其の八年、太守王頎《おうき》、官に到る。倭の女王卑弥呼、狗奴国の男王卑弥弓呼《ひみここ》と素《もと》より和せず、倭の載斯《さいし》、烏越《うえつ》等を遣わして郡に詣りて相攻撃する状を説《と》く。塞曹掾史《さいそうえんし》張政《ちょうせい》等を遣わすことに因《よ》りて、詔書・黄幢を齎し、難升米に仮け拝《あた》えて、檄《げき》を為《つく》りて之に告喩《こくゆ》す。

卑弥呼、以《すで》に死し、大いに家《つか》を作る。径百余歩なり。徇葬《じゅんそう》する者、奴婢百余人なり。

男王に更《か》え立てれども国中が服せず、更《さら》に相誅殺《あいちゅうさつ》す。時に当りて千余人を殺す。復た卑弥呼の宗女台与《そうじょたいよ》を立て、年十三にして王と為し、国中遂に定まれり。

政等、檄を以って台与に告喩し、台与、倭の大夫率善中郎将掖邪狗等二十人を遣わして、政等の還《かえ》るのを送らしめ、因て台《たい》に詣り、男女生口三十人を献上し、白珠五千・孔青大句珠二牧・異文雑錦二十匹を貢せり。

本書は、書き下ろし作品です。

著者紹介

武光 誠（たけみつ　まこと）

1950年、山口県防府市生まれ。1979年、東京大学大学院国史学博士課程を修了。文学博士。現在、明治学院大学教授。日本古代史を専攻し、歴史哲学的視野を用いた日本の思想・文化の研究に取り組む。主な著書に、『一冊でわかる神道と日本神話』（河出書房新社）、『蘇我氏の古代史』（平凡社新書）、『国境の日本史』（文春新書）、『日本人なら知っておきたい！ 所作の「型」』（青春文庫）、『知っておきたい日本の神様』『知っておきたい日本の神道』（以上、角川ソフィア文庫）、『「古代日本」誕生の謎』『地図で読む「古事記」「日本書紀」』『日本史の影の主役 藤原氏の正体』（以上、PHP文庫）などがある。

ＰＨＰ文庫　地図で読む「魏志倭人伝」と「邪馬台国」

2014年11月19日　第1版第1刷

著　者　武光　誠
発行者　小林成彦
発行所　株式会社ＰＨＰ研究所
東京本部　〒102-8331　千代田区一番町21
文庫出版部　☎03-3239-6259（編集）
普及一部　☎03-3239-6233（販売）
京都本部　〒601-8411　京都市南区西九条北ノ内町11
PHP INTERFACE　http://www.php.co.jp/
組　版　有限会社エヴリ・シンク
印刷所
製本所　共同印刷株式会社

ISBN978-4-569-76261-6

「古代日本」誕生の謎
大和朝廷から統一国家へ

武光 誠 著

最新の考古学の新発見をふまえ、大和朝廷が古代日本を統一していく実際の姿をダイナミックかつ丁寧に描いた、古代史ファン必読の書。

定価 本体五九〇円(税別)

とんでもなく面白い『古事記』

斎藤英喜 監修

『古事記』には、神様同士の大ゲンカから兄妹恋愛まで、トンデモない事件が満載だった!! 漫画入りで、楽しくわかる日本の始まり。

定価 本体五九〇円（税別）

PHP文庫好評既刊

ヤマト王権と十大豪族の正体

物部、蘇我、大伴、出雲国造家……

関 裕二 著

神武東征は史実? 蘇我氏は渡来系? 天皇が怯え続ける秦氏の正体……。古代豪族の系譜を読みとけば、古代史の謎はすべて明らかになる!

定価 本体六四八円(税別)

日本史の謎は「地形」で解ける

竹村公太郎 著

なぜ頼朝は狭く小さな鎌倉に幕府を開いたか、なぜ信長は比叡山を焼き討ちしたか……日本史の謎を「地形」という切り口から解き明かす！

定価 本体七四三円（税別）

PHP文庫好評既刊

現代活学講話選集①

十八史略（上）

激動に生きる 強さの活学

安岡正篤 著

人間研究の宝庫といわれ、中国古賢・先哲たちの智恵が凝縮されている「十八史略」。その智恵を現代に活かす方途を説いた珠玉の講話録。

定価 本体六六七円（税別）